ベルクソン哲学の遺言

前田英樹

講談社学術文庫

目次

ベルクソン哲学の遺言

第Ⅰ章　遺言状…………12
1　生涯を貫くシンフォニー／2　単純なひとつの行為／3　自伝的遺書／4　哲学に欠けている「正確さ」

第Ⅱ章　ほんとうの障碍物に出会う…………42
1　「持続」は障碍物だということ／2　「持続」を語る困難／3　持続という問題への入口／4　予見不能であるとは

第Ⅲ章　砂糖が溶ける時間…………71
1　映画フィルムは回転する／2　砂糖水ができるまで／3　誤った回顧から解放されること

第Ⅳ章　直観が〈正確〉であること…………100
1　思考を誂える／2　「直観」という努力／3　直観の対象／4　「直観」を定義する困難

第Ⅴ章　〈記憶〉についての考え方……129
1　持続において思考する例（その一：「記憶内容」）／2　「記憶」と「過去」との関係／3　それ自体で在る過去——潜在性／4　脳と記憶

第Ⅵ章　〈器官〉についての考え方……159
1　哲学はいかに〈努力する〉のか／2　持続において思考する例（その二：「器官」の存在）／3　器官としての「眼」／4　進化の原因としての持続

第Ⅶ章　持続が目指すところ……189
1　飛躍の結果としての人類／2　直観と本能／3　潜在的本能による仮構機能／4　持続において思考する例（その三：動的宗教）

第Ⅷ章　哲学の目的……223
1　神秘主義と機械主義／2　〈停止〉を〈運動〉それ自体に送り返すこと／3　持続において思考する例（その四：言葉）／4　手仕事の効用、感覚の教え／5　〈深さ〉において思考する喜び

補　章　哲学の未来のために……267
1　科学の半身たるべき哲学／2　「共感」という事実／3　この地上に生きている哲学

あとがき　287

学術文庫版へのあとがき　291

凡　例

・アンリ・ベルクソン（Henri Bergson）の著作からの引用については、以下に掲げる略号を用いて本文中で箇所の指示を行なう。これらのうち「生前に公刊された著作」については、*Œuvres*, textes annotés par André Robinet, introduction par Henri Gouhier, Presses universitaires de France, 1959（生誕百年版著作集）を底本とし、その頁数を示した。また、訳文はすべて筆者によるものである。以下に示す *Cours-1* については、日本語訳の該当する頁数を併記した。

・原文でイタリック体になっている箇所には傍点を付した。また、〔　〕は引用者による補足・注記である。

生前に公刊された著作

ED：*Essai sur les données immédiates de la conscience*, Félix Alcan, 1889.（『意識の直接与件に関する試論』）

MM：*Matière et mémoire: essai sur la relation du corps à l'esprit*, Félix Alcan, 1896.（『物質と記憶』）

EC：*L'évolution créatrice*, Félix Alcan, 1907.（『創造的進化』）

IP：« L'intuition philosophique » (1911), in *La pensée et le mouvant: essais et conférences*,

Félix Alcan, 1934.（「哲学的直観」、『思想と動くもの』所収）

PC：« La perception du changement » (1911), in *La pensée et le mouvant: essais et conférences*, Félix Alcan, 1934.（「変化の知覚」、『思想と動くもの』所収）

AC：« L'âme et le corps » (1912), in *L'énergie spirituelle: essais et conférences*, Félix Alcan, 1919.（「心と体」、『精神のエネルギー』所収）

In-1：« Introduction (Première Partie): croissance de la vérité. Mouvement rétrograde du vrai » (1922), in *La pensée et le mouvant: essais et conférences*, Félix Alcan, 1934.（「序論（第一部）」、『思想と動くもの』所収）

In-2：« Introduction (Deuxième Partie): de la position des problèmes » (1922), in *La pensée et le mouvant: essais et conférences*, Félix Alcan, 1934.（「序論（第二部）」、『思想と動くもの』所収）

DS：*Les deux sources de la morale et de la religion*, Félix Alcan, 1932.（『道徳と宗教の二源泉』）

死後出版の著作

Testament：Testament d'Henri Bergson, le 8 février 1937, cité par Rose-Marie Mossé-Bastide dans *Bergson éducateur*, Presses universitaires de France, 1955, p. 352.（遺言状（一九三七年二月八日付））

Cours-1：*Cours*, tome 1: *Leçons de psychologie et de métaphysique, Clermont-Ferrand,*

1887-1888, édition par Henri Hude, Presses universitaires de France, 1990.（『ベルクソン講義録』第一巻「心理学講義　形而上学講義」合田正人・谷口博史訳、法政大学出版局、一九九九年）

・その他に本文中で引用される著作については、以下のとおりである。

Bachelard, Gaston, *L'intuition de l'instant: étude sur la Siloë de Gaston Roupnel*, Stock, 1932; Stock (Livre de poche), 1992.

Deleuze, Gilles, *Cinéma 1: l'image-mouvement*, Minuit, 1983.

小林秀雄『感想』、『小林秀雄全集』別巻I、新潮社、二〇〇二年。

ベルクソン哲学の遺言

第I章　遺言状

1　生涯を貫くシンフォニー

アンリ・ベルクソンは一八五九年にパリで生まれ、一九四一年にパリで死ぬまでの間、四冊の主著と二冊の論文集、それに『笑い』（一九〇〇年）、『持続と同時性』（一九二二年）の二著を刊行した。これが、哲学者としての彼の仕事のすべてであり、すべてがこのなかに書き尽くされている。『持続と同時性』は刊行後、著者の固い意思によって絶版にされたから、彼が世人に読んでもらいたいと思っていた自分の本は、結局のところ七冊に尽きる。だから、生誕百年を記念して出された一巻本の著作集には、これら七冊の本だけが収められているのである。

この一巻本の著作集を、私は気がつくともう四十年以上も愛読してきている。革張りの赤い表紙はだいぶくたびれたが、年月とともにその言葉は新しくなり、また鮮やかな輪郭と奥行きとを持つようになってきた。といって、その内容をかいつまんで紹介したりすることが、やさしくなってきたわけではない。むしろ、そういうことはいよいよ難しくなってしまった。紹介する者自身の、よほどの言葉の工夫が要求されるだろう。ひしひし、そう感じざるを得なくなった。

ベルクソンの四つの主著とは、まず三十歳の時に刊行された『意識の直接与件に関する試論』（一八八九年）、その七年後の『物質と記憶』（一八九六年）、その十一年後の『創造的進化』（一九〇七年）、さらにそれから二十五年後に刊行された『道徳と宗教の二源泉』（一九三二年）、この四冊である。ベルクソンを読むといつも感じるがこの四冊は、彼の生涯を貫いて流れた四つの楽章で成るシンフォニーそのものである。彼ほど、その思索の曲折と書かれたものの展開とを見事に一致させて生き抜いた人はいない。それは、思索することへの彼自身の激しく強固な意志、たゆむことのない努力がはっきりとそうさせたのであって、四冊の展開には、どんな偶然も気まぐれも入り込む余地がない。

つまり、注文があればあるだけ本を書く売文業者のまったくの対極に、この人はいたわけだが、この対極を思い描くことは、もはや私たちには大変難しいのである。産業化し、惰性化しきった出版界、言論界のぬるい、あやふやな湯船に、物を書く近代人は浸かり過ぎてきた。一概にそれが悪いというのではないが、そういうところに生きているとさえ気づかない人間たちが、ベルクソンの書いたものを、もう古いだの、退屈だの、いやそうでもないだのと、気楽に言い合っている。滑稽を通り越した風景である。

『意識の直接与件に関する試論』は、文字どおり、彼が最初の一歩を踏み出した著作であって、この本の最初の一行から、ベルクソン哲学というシンフォニーの第一楽章は鳴り始めた。この言い方には、比喩以上のものがあることを、読者にはわかってもらいたい。心の生活の切れ目ない変化をメロディの持続に喩えたのは、ベルクソン自身である。ここにもまた、比喩以上のものがあった。要するに、音楽は、私たちの生命が変化して作り出す運動の、かなり純粋なひとつの表現である。人生が音楽に似るのではない。音楽というものが、純粋に生きられた生命の深層に達するのである。

彼の第一の主著は、こんな具合に始まっている。

意識のいろいろな状態、感覚とか、感情とか、情念とか、努力とか、そういうものは、増えたり減ったりできるものだと、普通は思われている。ある者たちは、ひとつの感覚が、同じ性質の別の感覚より二倍、三倍、四倍強いと確言さえしている。(ED, p. 5)

「確言」しているのは、心理学者であり、そう言わせる土壌を作っているのは、生活者である。しかし、こんな確言は、明らかに実情に反している。父親に死なれた時は、友達に死なれた時より二倍悲しかったか、あるいは二倍半悲しかったか。そんなことは言えるわけがない。

ふたつの場合にあったのは、比較できないまったく別の感情だろう。それに「悲しみ」という同じひとつの言葉をあてはめて済ますのは、生活上の便宜のためでしかない。ところが、心理学者は、どうやらこの便宜をすっかり真に受けるものらしい。このたわいない不注意から、数限りない〈偽《にせ》の問題〉が作り出される。たとえば、心理的強度は、いかなる単位で測定されるか、というような。

ベルクソンの生涯のシンフォニーは、こんなふうにして鳴り始めたのである。これはささやかな序奏だが、いったん鳴り始めれば、最終楽章の最後の音のなかにまでこの響きはしっかりと続いていく。私にとって、ベルクソンを愛読するとは、このシンフォニーの持続を繰り返し確認することにほかならなかったようにも思う。

第一楽章が終わって七年、第二楽章が終わって十一年、第三楽章が終わって二十五年、この間に彼は何をしていたのだろう。これは真正直な質問だから、答えもまたいたって簡単なものになる。ひとりの学生のように勉強していたのである。たとえば、『意識の直接与件に関する試論』の刊行から、『物質と記憶』の刊行までには七年の歳月があるが、これは後者が七年かけて少しずつ書かれたということとは違う。書き始めれば、彼は一気に書く。ただ、それを書き始める前に、彼は生理学、とりわけ大脳生理学の勉強に一から取り組んだのである。第一の主著が辿り着いた結論が、そのことをはっきりと要求していた。

第一の主著は、心理学の主題を扱って、意識が持続し、時間を持つとはどういうことかを、驚異的な緻密さで論証した。しかし、その意識は、身体の働きと結びつき、なかでも大脳の作用とはっきり連関している。第一の主著が達した論証は、生理学が積み重ねている観察との対照がなければ、ほんとうに具体的なものにはならないだろう。彼は、そう考えたから、まるで大学に行き直しでもするように、ひとりで一から生理学の勉強をしたのである。生理学の全体を根本から突き崩すような、まったく新しい発見が彼を待っていた。『物質と記憶』は、この発見の大きすぎる驚きを、懸命に抑制しようとする意志で書かれている。

彼の四つの主著は、どれもこんな具合にして書かれていった。それらはみなその都度、長年月の懐胎の末に、一挙に生まれてくる子供のように、生まれてきたのである。繰り返して言うが、ベルクソンの簡単きわまる著作リストは、彼自身が生き通した経験の曲折とぴったりと一致して、寸分の過不足もない。主著以外の本を加えても、このことに何ら変わりはない。『笑い』と『精神のエネルギー』（一九一九年）は、主著をその材料の面から豊富に照らし直し、『思想と動くもの』（一九三四年）は、主著のなかで採られた思考の方法を、さまざまな観点から明瞭に説いてくれる。これほど潔く、堂々たる理由ですべての本を書き、死んだ人は、おそらく彼のほかにはいないだろう。

こんなことを私が言うのは、ベルクソンには有名な「遺言状」があり、まず、それについて書いておきたかったからである。それは、一九三七年二月八日の日付で記されている。彼が死ぬ四年前、満七十七歳の時にあたる。すでに、遺稿集などで紹介されている文章だが、もう一度、丁寧に読んでみよう。

私は、公衆に読んでもらいたいものすべてを刊行したと宣言する。したがって、私は、私の書類束、その他のなかに見つけられるだろう私が書いたすべての原稿、原稿のすべての部分の出版をきっぱりと禁止する。私は、あらゆる講義、あらゆる講演の出版を禁止する。それらが誰かの筆記によるものであろうと、私自身の覚え書きであろうと同じことである。また、私は私の手紙類の出版をも禁止する。J・ラシュリエの場合には、その書簡は出版を差し止められているのに、学士院図書館での自由な閲覧は認められている。私の言う禁止を、このような意味に曲げることを私は受け容れない。手紙を送った者は、その手紙に対して絶対の著作権を持っている。彼の手紙の内容を公衆に知らせることは、彼の権利を侵害することであり、このことは図書館に通う少数者の場合であっても変わりない。著作権侵害が、必ず印刷物の形で行なわれるとなぜ言えよう。私は、私の妻と娘とに、私が今明言した禁止を踏みにじる者がいたら、裁判所に訴え出るよう依願する。両人にあっては、出版されたものの即時の廃棄を要求されたい。

(Testament, p. 352)

まず、このように昂《たかぶ》った言い方は、ベルクソンの著作にはいっさい現われない。したがって、この遺言状は、彼の愛読者を驚かす調子のものなのだが、読んでしばらくすると、これは、まさに彼以外の者には書き得ない内容の遺言状であることがわかってくる。

彼は、自分の死後に引き起こされる誤解を警戒しているのだろうか。それもあろうが、そんなことは枝葉に属する。世間の誤解なら、生きているうちから山のように押し寄せてきた。彼は、いつもそれと闘ってきたのである。七冊の著書だけを遺して、こういう誤解が解けていくとは夢にも思えない。遺言の真意は別にある。それは、彼が自分の哲学のなかで背負い込んでいた独特の激しい理想と強く結びついている。

ところで、この「禁止」だが、これは今では破れるところまでは、すっかり破られている。まず、遺稿集が刊行され（*Mélanges*, textes publiés et annotés par André Robinet, avec la collaboration de Marie-Rose Mossé-Bastide, Martine Robinet et Michel Gauthier, Presses universitaires de France, 1972）、四冊に及ぶ学生の講義録が刊行され（*Cours*, 4 vol., édition par Henri Hude, Presses universitaires de France, 1990-2000）、一巻本の著作集より大部の書簡集も出版され（*Correspondances*, textes publiés et annotés par André Robinet, avec la collaboration de Nelly Bruyère, Brigitte Sitbon-Peillon, Suzanne Stern-Gillet, Presses universitaires de France, 2002）、最後には徹底した全集が編まれるだろう。伝記の研究は進み、近頃のフィリップ・スーレーズ（一九四三―九四年）のもの（Philippe Soulez, *Bergson: biographie*, complétée par Frédéric Worms, Flammarion, 1997）などは、読んでいて偏執的な印象を受けるほど詳細なものだ。「禁止」に違反する本が出版されるたびに、編者の「序」にあたる文章では「遺言状」が持ち出され、にもかかわらず刊行に踏みきる理由ないしは言い訳が書かれてきた。

こういった言い訳は、ごく当たり前なものになるほかはない。曰く、ベルクソンを取り巻く歴史の状況は大きく変わった。彼の哲学は古典になった。古典になったからには、デカルト、スピノザ、ライプニッツ、カント、こういう哲学者たちと彼が同じ扱いを受けることは、致し方がない。彼の思索過程の公表や、彼に関する実証的研究の必要は、もはや彼ひとりの遺志によって左右されていいものではない。こんなところである。誰がこれに反対しよう。

しかしながら、こうした言い分すべてが、反論の余地のないものだとしても、ベルクソンが書いた「遺言状」は、言わば依然としてその力を放っているように、私には感じられる。つまり、それは、まだ活きて働いている。働いて、私たちの読解に痛烈な、しかし活き活きとした呼びかけを送ってくる。その呼びかけとは、どんなものか。手短に言うことは難しいが、要するに彼はこう言っておきたかったのだろう。「哲学することとは、単純なひとつの行為（un acte simple）である」（「哲学的直観」（一九一一年）、IP, p. 1363）。私はそれを七冊の著書によってもう充分に果たし、ほかに言うべきことは絶対に何もないと。また、こうも言っておきたかったのだろう。研究家たちが未刊原稿や講義録や書簡集から私を解釈、分析しようとするほど、私の生涯かけた「単純なひとつの行為」は、読者の目から隠される。そのことに、私は全身全霊からの抗議をあらかじめしておくと。

2　単純なひとつの行為

「哲学することとは、単純なひとつの行為である」とは、ベルクソンが繰り返し、論を尽くして語らなければならなかったことだが、その意味については、またあとで詳しく考えよう。

さしあたり、ここで考えておきたいのは、「単純」ということの意味である。

哲学に限らず、私たちが何かをする時、とりわけ集中して何かをする時、その行為は単純なものとして果たされるほかない。眼鏡を取る、箸でラッキョウを挟んで口に入れる、自転車で急な坂道を降《くだ》る、何でもよい。私は自分のこうした行為を切れ目や部分のない一連の動作としてやってのける。身体の諸部分をどんな具合に関係づけ、連係させるか、というようなことも考えない。身体は、まさにひとつのものとして一挙に働かなければ、ラッキョウなど箸でつまめたものではない。

哲学することが単純な行為であるというのは、まずこの意味においてである。哲学する、という集中したひとつの行為があり、それはほかの行為と同じように、どんな切れ目も部分もなく一挙に成り立つ。が、この一挙、ということを自転車で急勾配を降るような意味にとってはいけない。哲学では、一挙に成り立ったものを、一年かけ、十年かけ、一生かけて育てていく。その全体が、切れ目も部分もないひとつの行為であり、その行為は、いつもそれを演じる人の〈現在〉のなかにある。言い換えれば、生涯を通して、一挙に演じられる行為というものがあるのだ。

眼鏡を手に取る動作は、外から見れば無数の部分に、たとえば腕が通過する無数の点に分解できる。そういう目で分析すれば、私の腕は無数の点を誤りなく通過して、複雑きわまりない位置の総合を成し遂げたことになる。私の腕は、奇跡を起こしたと言ってよい。けれども、実際には、私はそこにある眼鏡を取ったにすぎない。私は、この単純さを、私が生きた単純さのままに、行為を行為のままに、改めて説明してみようとする。深淵が、真に語り難いものが、そこに現われる。

眼鏡を取るという行為にしてさえこれである。ベルクソンが、生涯を通して、一挙に演じた自分の哲学という行為は、いかに語り難いものであったか、彼が読者にわかってもらいたかったのは、まずそのことだった。彼の著作を読むことは、この困難に付き従い、これをわがこととして追想し、ついに読者自身の困難として乗りきることにほかならない。これ以外に、彼の著作にある「単純なひとつの行為」を読み解く道筋は、ほんとうにはない。だが、哲学史家、あるいは哲学研究者と称するいたって勤勉な人たちは、読者のために進んでせっせとこの道筋を塞ぐ仕事をしている場合がある。ベルクソンの遺言状は、そういう人たちに向かってきっぱりと掲げられた絶縁宣言、もしくは立ち入り禁止の看板とも受け取れる。

小林秀雄が、一九五八年から五年間雑誌『新潮』に連載して、とうとう未完のままに終わったベルクソン論『感想』は、やはりこの遺言状から筆を起こしている。大戦が始まった年に、ベルクソンが死んだ。この哲学者の、日本における最も熱烈、真剣な愛読者のひとりだった小林も、戦後の研究による遺稿集や伝記類の出版を心待ちにしていたことだろう。実際、彼は書いている。

最後の本を出してから十年近くも沈黙して死んだこの大哲学者に、豊かな遺稿集を期待するのは、当然の事に思はれた。本が自由に買へる時が来ると、早速書店に注文した

し、フランスに行つた時も捜したが、無駄であつた。私は、その理由を解する事が出来なかつた。(小林『感想』一六頁)

ところが、その理由は、まもなく身も蓋もない形ではっきりとする。単行本未収録の講演、論文、さらに書簡などを集めた全三巻の文集(Henri Bergson, *Ecrits et Paroles*, 3 vol., textes rassemblés par Rose-Marie Mossé-Bastide, Presses universitaires de France, 1957-59)が出ると、小林はさっそくそれを買うが、その「序言」にはあの遺言状が引かれていた。読んで小林は愕然とする。『感想』の連載を始める直前のことである。彼は、こう書いている。

随分徹底したものだ。この遺書の、法律上の実効はどういふ事になるか、私にははつきりしないが、これが、彼が公表した、彼の最後の思想であると見れば、感慨なきを得ないのである。彼は、「道徳と宗教の二源泉」で、真の遺書を書き終へた、と念を押したかつたのであらう。自分の沈黙について、とやかく言つたり、自分の死後、遺稿集の出るのを期待したりする愛読者や、自分の断簡零墨《れいぼく》まで漁《あさ》りたがる考証家に、君達には何もわかつてゐない、と言つて置き度《た》かつたのである。一九三二年に、最後の本を書き上げた時、彼は、「諸君、驚くべき事が起つた。私のダイモンは沈黙して了つた」と言ふのを忘れたのである。私は恥かしかつた。(小林『感想』一七頁)

ダイモン（魔物）が沈黙する、とは、プラトンの『ソクラテスの弁明』で語られる言葉である。ソクラテスには、姿の見えない奇妙なダイモンが終世つきまとっていたという。どんな些細なことであれ、ソクラテスが何かしようとする時、そのダイモンはいつもしきりに干渉し、この世のものとも思えぬ声で、それをしてはならぬ、と禁止の命令を下す。彼は、それに抗《あらが》うことが、なぜか決してできなかった。そのダイモンが、ソクラテスの人生で最悪の日に、すなわちアテナイの市民裁判で理不尽な死刑宣告を受ける日に、朝からいっさい沈黙してしまった。『弁明』のソクラテスは、「裁判官たる市民諸君」に向かって、その事情を打ち明けるのである。

小林が、ベルクソンの遺言状を語って、この話を持ち出すのは、やはりベルクソン晩年の稀有な沈黙について、読者に注意を向けてもらいたいからである。恥ずかしいことに、自分はこれへの注意を怠っていた。『道徳と宗教の二源泉』を、その最後の頁までしっかりと読み通すことに言わば失敗していた。だから、この本が、深奥で祈るように書かれた明確な遺書だということに気づきもせず、彼の死後に〈次の本〉が出ることなどを、当然のように期待していた。

しかし、小林秀雄の言い方もベルクソンに劣らず激しい。遺稿集の刊行を楽しみにする愛読者や故人の「断簡零墨まで漁りたがる考証家」に向かって、「君達には何もわかつてゐない」とベルクソンは言っておきたかった。この遺言状には、明らかに、ベルクソンが生前に受けてきた世の称賛、熱狂、歪曲、非難、嘲笑に対する人の胸を貫くほどの強い怒りと不信の念がある。彼の遺言状のただならない佇まいから、「君達には何もわかつてゐない」という小林の言葉は出てきたのである。

また、小林は言っていた。「これが、彼が公表した、彼の最後の思想であると見れば、感慨なきを得ないのである」と。が、「最後の思想」という言葉を、簡単に、文字どおりに受け取ってはならないのである。遺言状で露わになっているのは、怒りや不信だけではない、まさに、哲学上のひとつの不屈の思想が、最後の実践に向けて動き出しているように、私には思われる。ベルクソン晩年のあの潔い、清冽でさえある沈黙は、この実践のなかに含まれているものなのである。

では、その不屈の思想とは、いったいどんなものだったか。アンリ・グイエ（一八九八―一九九四年）は、『ベルクソン講義録』第一巻（一九九〇年）が刊行される際に、その「序言」の冒頭にやはりベルクソンの遺言状を引き、ひとつの周到な解釈を示している。グイエもまた、この遺言状の非常に激しい調子に注意を向けざるを得ない。グイエによれば、ここで、ベルクソンが刊行を禁じたいと思っていたものは、手稿、講義録、手紙の類だけではない、できれば七冊の著作以外に言葉となって彼から出たものすべての公表を禁じておきたかった。これは、ちょっとした筆の滑りや口頭での気軽な発言から来るだろう誤解を避けたかった、というような消極的な事情によるのではない。もっと別の強い理由がある。

その理由は、「私は、公衆に読んでもらいたいものすべてを刊行したと宣言する」という遺言状の最初の言葉、そこに記されているとグイエは言う。この言葉は、彼が哲学という行為について抱いていた根本的な考えに基づいている。それはデカルトに見られる考えと結局のところは同じものだ。「実際、デカルトは何を望んでいたか。形而上学《メタフィジック》が自然学《フィジック》と同じくらいに科学的に打ち立てられているようなひとつの哲学を、である。ベルクソンが「実証的形而上学」の名で呼んでいたものは、これではなかったのか」(Henri Gouhier, « avant-propos », in *Cours*-I, pp. 6-7（日本語訳 xi頁）)。

この解釈は、ここにとどまっているだけなら、たぶんベルクソンを少しも怒らせはしないだろう。けれど、言うまでもなく、ベルクソンの哲学とデカルトの哲学とでは、その内容がまるきり違う。だから、グイエもその違いを言わなくてはならない。それで、そこまで踏み込んで解釈を深める段になれば、この高名な哲学史家もまた、いささかベルクソンの機嫌を損ねることになってしまうだろう。まず、グイエの言うところを聞こう。

デカルトの時代には、科学の模範は数学だった。その応用としていろいろな「自然学」が生まれる。なるほど、デカルトの「自然学」とは、物質を「延長」と呼ばれる純然たる諸関係に還元して捉える一種の応用幾何学だった。ベルクソンの時代には、そうではない。たとえば、生物学は純粋幾何学を模範として成り立つのではなく、実験や観察に基づく実証科学として成り立つ。ベルクソンが哲学を「実証的形而上学」にしたいと言う時には、生命の科学が示すような新しい科学モデルが導入されているのだと、グイエは見る。哲学が、生命の科学を模範とする「実証的形而上学」にほかならないのだとしたら、哲学者は科学者と同じように振る舞ってよい。いや、振る舞う必要があるだろう。科学者と同じように、彼は実験と観察とから得た諸成果の背後に身を隠さなければならない。グイエは書いている。

科学者は科学の背後に隠れる。物理学者や生物学者は、自分が立証できなかった仮説を拠り所にしたりはしない。したがって、ベルクソンは解決された問題しか自分の名のもとに残そうとはしなかった。彼は、自分が人間として考えていることと、哲学者として知っていることとを区別した。哲学者として知っていること、彼はこれを本に書いた。人間として考えていることは、内的生活である自己との対話のなかにとどめた。(ibid., p. 7〔日本語訳 xi 頁〕)

ずいぶん、わかりよく言いきったものである。ベルクソンの哲学はいつも「単純なひとつの行為」だったが、こういうわかりやすさは決してこの行為の核心に達しないと、私は思う。科学と哲学との間に、ベルクソンがどんな関係を置いていたかは、確かに彼の哲学を知る上で、最も重要なことのひとつである。彼は、実験と観察とで最終的に立証された結果だけを本に書いたのではない。実験や観察は、絶え間なく修正されていく手段に過ぎない。むしろ、彼が哲学で重んじたのは、時間をかけて次第に高められていく「蓋然性」だった。これは、こうでしかあり得ぬ、という万人の確信、そういうものに現実として少しずつ育っていく思考の歩みだった。

数学を模範にできる物質の科学は、何かを決定的な形式で証明できる。数学に頼れない生命の科学にとっては、〈次第に増す蓋然性〉こそが、対象とのほんとうの接触を保証するものだろう。哲学もこれと同じである。哲学は生物学でも生理学でも、また心理学でもないが、それらと同じ質を持つ対象を扱う。その限りにおいて、〈次第に増す蓋然性〉は哲学が目指す目標であるほかない。この目標は、正確に、厳密に立てられさえすれば、多くの哲学者によって共有できるものになる。いや、幾世代もの哲学者によってさえ、共有されて当然のものになる。遺言状で彼が示した「思想」は、もちろん、彼が抱いたこの哲学の理想と深く関係している。

3　自伝的遺書

ベルクソンは『道徳と宗教の二源泉』（一九三二年）のなかで、すでに書くべき遺書を充分に書き終えていた。彼は、遺言状でそのことに念を押したかったのである。小林秀雄は、『感想』でそう言っていた。読者に向かって、人間の将来に向かって、これ以上言うことは、もう何もない、「私のダイモンは沈黙して了つた」と。そういう意味では、小林の述べるところは、まぎれもない真実だろう。だが、私には遺言状が示しているあの激しい怒りの調子には、もうひとつの意味が含まれているように思える。

こちらの意味から考えれば、ベルクソンには『道徳と宗教の二源泉』とは別に、もうひとつの遺書があると、はっきりわかる。それは、一九二二年一月に書き終えられ、一九三四年刊行の論文集『思想と動くもの』のなかに「序論（Introduction）」と題して収められた文章である。ベルクソンが出版した最後の本は、この論文集なのだ。「序論」は、この本の優に三分の一以上の頁数を占めている。だから、これは「序論」と呼んで済ませられる文章とは違う。では、何と呼べばいいか。明らかに、〈自伝〉と呼ぶべきものである。ここでは、自分の思考が掘り進んできたその内的な道筋が、全力を傾ける誠実さで振り返られ、凝縮され、語り尽くされている。

彼は、この自伝を、『思想と動くもの』の出版まで、十二年間も手元に寝かせていたことになる。おそらく、自分の最後の本として、『思想と動くもの』の構想はベルクソンのなかで長年あたためられていたものと思われる。それは、この「序論」と題される自伝を、最後に読者に手渡すためではなかっただろうか。「序論」のあとに収められた七本の既刊論文は、どれもみな充実を極めている。しかし、それらは、よく読めば「序論」で鳴り響いた主題の七つの変奏にすぎないようにも思える。やはり、この書物の本体は、この書物とともに初めて姿を現わした「序論」と称される自伝なのである。

書き終えられてから出版までの十二年間に、この自伝がどれくらい著者の推敲を加えられているか、私は何も知らない。別に調べたいとも思わない。みずから絶版にした『持続と同時性』（一九二二年）の論旨が、非常に圧縮された形で「序論」の脚注欄に（脚注としては異例の長さで）書き込まれているが、これは出版にあたって書き加えられたものだろう。また「序論」の本文をよく読めば、『道徳と宗教の二源泉』で使われる発想、用語がすでに現われている。当然のことだろう。そういう詮索よりも、この「序論」が、ベルクソンの全力を傾けた自伝であり、哲学者としての比類ない遺書であることを確認できれば、私としてはそれで充分である。しかし、なぜこの自伝は、遺書ともなるのか。

デカルトの場合は、哲学者としての自分を世に問うために『方法序説』（一六三七年）という自伝を書いた。出発点に辿り着くまでの道のりを書いたと言っていい。彼の出発点とは、すなわちその「方法」である。いったん辿り着けば、自然についてのあらゆる探究を正確に、どこまでも推し進め得るような思考の方法、理性をよく導くための不変の方法がある。デカルトはそう信じ、その方法に非常な自負を持っていたから、彼が辿り着いた出発点は、すでに約束された将来の到達点を含むものだった。だから、彼は初めに自伝を書くことができたのである。

ベルクソンは、そうではない。彼が『意識の直接与件に関する試論』で摑んだ出発点は、将来の何ものも保証しなかった。道はその日その日に作り出される以外、どこにも敷かれてはいなかった。その意味で、彼は絶えず徹底した自由の前に立っていたが、道は理屈ばかりの空中庭園に敷かれたわけではない。実在する、固く黙した自然を貫通するように敷かれなければならなかった。そのように実在する〈物〉から、いちいち強制されなければ、彼の哲学はその道筋を一切決めることができなかった。だから、自伝は最後に書かれるしかない。また、どうしても書かれる必要のあるものだった。彼の哲学とは、彼が自然を貫通して日々掘り進んでいった道筋そのもの、あるいは掘り進む動作そのものだったと言える。動作の全体をまとめて語るとなれば、彼の語り方は自伝的とならざるを得ない。

ベルクソンは、自分の探究が掘り進んできたこの道筋に、非常な自信を持っていた。自分のしてきたことが一番優れている、というような間抜けな自惚《うぬぼ》れではない。自分の探究が、いつも確かに実在の〈物〉に触れ、その大きな抵抗のもとに進められてきた、という静かな自信である。だから、この仕事は、世界中の誰がやってくれてもいい、何代かけてやってくれてもいい、身ひとつの私にできたことは、ここまでだ――彼の自伝は、よく読めば、そういう呼びかけに満ちている。呼びかける声の、その熱烈さに驚くほどである。私が、『思想と動くもの』の「序論」に、遺書ともなるような主旋律を聴き取るのは、こうした理由によっている。少し長くなるが、その見本になる文章をひとつ引いておこう。

ここに、ひとつの哲学的問題があるとする。私たちは、それを選んだのではない。それに出くわしたのである。それは私たちの行く手を塞いでいる。そこで、すぐにも障害を取り払いにかかるべきか、もはや哲学をやめなくてはならないか、このふたつになる。言い逃れをしても無駄である。詭弁じみた弁証法に用はない。そういうものは、注意を眠り込ませ、前進の幻想をまどろみのうちに与える。困難は解決されなくてはならず、問題はその諸要素に分解されなくてはならないのだ。そうやって、どこに導かれるか。それは、誰にもわからない。新しい問題を解く科学が、どんなものであるかさえ、誰にも言えないだろう。それは、まったく馴染みのない科学かもしれない。私は、どう言えばいいだろう。その科学と馴染みになるだけでは足りない。それをはるかに深くまで掘り下げる、というのでさえ、まだ不充分である。時には、その科学の幾つかの方法を、習慣を、理論を変革するよう強制される。新しい問題を引き起こしている諸事実、諸理由にぴったりと寄り添っていけばそうなる。それで結構。未知の科学を一から学んだらいい。それを掘り下げ、必要とあらば、それを変革しよう。何ヵ月も、何年もかかるとしたら？　要るだけの時間をかければいいではないか。一生かけても足りないとすれば？　何代もかければ、着くべきところに達するだろう。今や、どんな哲学者にも、哲学全体を建設しなくてはならない、などという義務はないのである。以上が、私が哲学者に向けて送りたい言葉である。私が彼に勧める方法は、こうしたものになる。この方法は、彼が幾つであろうと、学生に戻ってやり直す不断の用意を要求するものだ。（In-2, p. 1309）

ベルクソンは、実際にこの「方法」を生き抜いて、生涯に七冊の本を書き上げた。その意味を知っていてもらいたい、というのが一九三七年に書かれた遺言状の真意だろう。私の哲学を理解するとは、ただちに私の勧める「方法」を、めいめいの生き方のなかに採用してくれることにほかならない。採用する人々が、世間から哲学者と呼ばれていようといなかろうと、いくばくかの才智があろうとなかろうと、そんなことはまったくどうでもよい。誤解と慣習で成り立つ死後の名声だけは、願い下げなのである。

それにしても、これは何という「方法」だろうか。これによく従えば、誰もが行くべき方向に進むだろう、という意味合いでは確かに「方法」と言えなくはない。しかし、この方法の最も肝心な点はといえば、「新しい問題」に「出くわす」こと、行く手を遮る「障害」のように、それにぶつかってしまうことではないだろうか。暇つぶしの「弁証法」を競い合う哲学には、この「障害」はやって来ない。事は、単なる理屈の捏《こ》ね合いで済むからだ。こういう哲学は、何でも説明する。この世界に説明できないものはないことをもって、自分のおしゃべりを哲学だとしている。

しかし、〈何でも説明する〉というこの哲学者の振る舞いは、何ひとつ知らないことの証《あかし》かもしれない。ひとつの原理を立て、理論の体系を構築し、その体系は、神、宇宙、自然から、理性の能力、人間精神とその歴史、道徳、倫理、法、芸術に至るまで、あらゆるものを包み込んで遺漏なく説明できる。たったひとつ説明できないことは、どうしてこういう体系が、哲学者と称する人たちの頭数だけできてしまうのか、ということである。しかし、この説明はしなくてもいい。自分の体系だけが、この世界の全部を説明できるものだと信じれば、それでいいわけなのだから。そのことを信じる理論上の根拠は、これまた自分の体系のなかだけにある。ひとつの体系と別の体系との間で交わされる論戦は、論戦のように見えて、そうではない。かわるがわるに歌われる独唱のようなものだ。

言葉によるめいめい勝手な説明ではちきれんばかりになったこの閉じた理屈の袋に、外側から穴を開けるものは、有無を言わさない〈事実〉しかない。あるいは、黙した〈自然〉、人のおしゃべりと関わりなく厳然とそこに在る〈物〉。何と呼んでもよい。しかし、そういうものは、どうすればやって来る。そういうものは、強いられた「問題」、行く手を塞ぐ「障害」とならなければ、私たちのまわりを素通りするばかりである。言葉の上だけの議論をしている限り、事実、自然、物は、私たちの注意をいっさい引かない。そういうものとして知覚されることもない。

だが、実際には、私たち人間の生活は、事実、自然、物の渦にいつも巻き込まれていて、それらから引き離されることは決してない。むしろ、それらの一部分として成り立っている。したがって、私たちは生活のなかでは、大いに「問題」や「障害」にぶつかっていると言える。岩や大木を取り除かなければ家は建たない。洪水を防いで、水をうまく引かなければ、米の育つ水田はできない。「問題」はいつも克服しなくてはならない「困難」として強制される。たとえば、嵐が来れば氾濫を起こす河があって、これを何とかしなければ田畑は守れないとする。河の氾濫は、農村にとってひとつの問題になり、問題は水量だの土手の高さだのといった「諸要素」に分解され、それらのひとつひとつに対して、講じることのできる手段が考え出される。

「哲学的問題」もまた、それがいやしくも「問題」と称される限りは、そうした性質のものでなくては意味がない、それを引き受ける甲斐も理由もない。ベルクソンは、あの「序論」のなかでそう言いたい。言いたいだけでなく、その意志を何としても読者に引き継いでもらいたい。この満腔の希望が、「序論」の文体の底に絶え間なく響くのである。

4　哲学に欠けている「正確さ」

「序論」は、次のような言葉で始まっている。

哲学に最も欠けているもの、それは正確さである。哲学の諸体系は、私たちが暮らす現実《レアリテ》の寸法に沿って裁断されていない。現実に対して、それらは大き過ぎるのである。どれでもいい、それらのうちからひとつを選んで吟味してみるといい。その体系が当てはめられるのは、人間以外に草木も獣も宿らない世界だとわかるだろう。そこでは、人間は飲みも食べもしない。眠らず、夢も見ず、馬鹿な話もしない。生まれた時には老いぼれで、死ぬ時は乳児である。そこでは、エネルギーは減損の坂道を反対向きに登る。すべては逆方向に進み、裏返ったままである。こういうことになるのは、ひとつの真なる体系というものが、余りに抽象的な、したがって余りに茫漠とした概念の総体だからである。そこには、現実のものに加えて、可能なものは何でも、さらに不可能なものさえも入れておける。私がこれでよしとする説明は、その対象に密着した説明である。そこでは、ふたつの間に少しも空《あ》きがなく、ほかの説明でも同じくらいうまく入り込めるような隙間はない。その説明は、その対象にだけふさわしく、その対象にしか当てはまらない。科学的説明は、そんなものであることができる。これは、絶対の正確さを含むし、完全な、またはだんだんと大きくなる明白さを含んでいる。哲学理論について、同じことが言えるだろうか。(In-1, p. 1253)

ここに書かれていることには、ベルクソンの全作品を導くモチーフが現われていると言っていいだろう。

哲学に欠けているものは「正確さ」である。この欠点は、古代の形而上学から近代の込み入った認識哲学に至るまで少しも変わりがないと、彼は考える。なぜか。哲学は、それが起こった時からずっと、「概念」の城であることに甘んじているからだ。

ここで言う「概念」とは、要するに語の意味のことだろう。私が今この原稿を書くのに使っている机は、「机」という語が支える概念に含まれる。私のこの机は、ただひとつのものだが、「机」という概念は、ほかのどんな机でも呑み込んでしまう。これでは私の机の説明にはならない。そこで、私は自分の机を「檜の三枚の板で組み立てられた書斎用の机」と言ってみたりする。概念は複合的になった。が、そういう机は、まだほかにもずいぶんとある。私は、概念をどんどん複合的にして、つまり語を好きなだけ増やして、自分の机を説明しようとするが、それらの概念は、またそれぞれにほかのたくさんの物を含んでいる。だから、私の〈この机〉についての説明は、どんどん拡がり、膨張して、むしろここに在る端的な物から遠ざかっていく一方となる。机にしてさえ、これである。「善」や「幸福」や

「美」や「実体」についての概念は、どういうことになっていくだろう。

ひとつの机についての哲学、というようなものは、もちろん実際にはありはしない。私の机は日常品だから、その概念も、私の生活のなかで滞りなく通用し、使用されていれば、それでいい。哲学がこしらえようとする概念は、こんな具合には通用していないし、暮らしのなかで使用されることもない。それは、ただわけもなく世界全体を説明しようとしているのである。そこでは、説明される対象は、しばしば説明そのものから作り出されている。現実にはないものが、あるかのように語られている。そうやって、解きようのないたくさんの難問が発明される。ここから、一種の根深い病気が、人間の精神に発症するのである。

ベルクソンという人は、少年の頃から、理屈ばかりで役立たずの哲学が大嫌いだった。いや、哲学が、というよりは、そうした精神の傾向一切を嫌ったのだろう。ベルクソン哲学の底には、変わることなくこの嫌悪が生き続けていること、きわめて激しく脈打っていることを忘れてはならない。彼の得意科目は数学であり、信用できる教科はといえば自然科学である。

それはなぜか。数学の証明は万人共通のものであり、だからこそ具体的な技術に対して応用可能になる。ギリシア人の数学がなければ、近代の機械技術は生まれなかった。汽車も自動車も走りはしなかった。自然科学のほうは、これは観察し、実験し、法則化できる対象をはっきりと持っている。持っていなければ、自然科学とは言われない。ここで獲得された成果は、やはり万人共通のものになり、間違いなく暮らしの役に立つ。そうでなかったら、成果とは呼べない。

つまり、ベルクソン少年の性向は、実際に物に触れること、生活のなかで具体的に確かめられることを、当然のごとくに好んだのである。哲学好きの同級生が仲間同士でする小難しい議論、こういうものは一切無視した。これは、まず一般の健全な生活者の反応だと言っていい。ただ、この少年の場合、自分の性向は、早くから彼自身によって、非常にはっきりと捉えられていた。ということは、自分が好むものと嫌うものとのそれぞれの本性《ほんせい》を、彼はすでに少年の頃から直覚していたということでもある。

哲学には「正確さ」が欠けている。では、ここで欠けている「正確さ」は科学が持つ正確さと同じものだろうか。少年時代のベルクソンは明らかにそう考えていた。科学には、対象が、相手にする具体的な〈物〉があり、その〈物〉についての科学の説明は、その〈物〉にだけ当てはまる。それを説明する記号のうち、最も理想的なものは数式である。また、この数式が最も理想的に適用される対象は、純然とした物質だろう。身体とか、生命とか、社会とか、心とか、そうしたもののほうへと対象が拡がっていくにつれ、科学は言葉の意味に多くを託すことになっていく。そこから、いろいろな転倒や錯覚が生まれる。しかし、それでも科学には、観察や実験によって確かめられる対象がある。科学が説明し、その説明が暮しに役立つ技術となっていくような具体的対象があるわけだ。

哲学、あるいは形而上学には、こうした意味での対象がないから、「正確さ」などはほとんど気にかけられない。うるさく言われるのは、論理的整合性くらいのものだが、理屈の辻棲を合わせるくらいは、ある種の人間にとっては、実に何でもないことである。たとえ、それがどんなに壮大な論理の構築であっても。

それでは、ベルクソンはなぜ哲学者と呼ばれる人間になったのか、哲学書と呼ばれる本を一生書くはめになったのか。ひとつの〈問題〉が、若いベルクソンを襲ったからである。事件と言うに値する転回が、彼の上に起こる。「序論」は、この事件を回顧し、その意味を詳細に記している。先に引いた文章に続き、ベルクソンは次のように書く。どんな哲学も私の関心を引くことはなかった。しかし——

私にとって、かつてひとつの学説だけが例外であるように思われた。ごく若い頃、私がその学説に執心したのは、たぶんそのためである。スペンサーの哲学は、事物の鋳型を取ろうとし、事実の細部にのっとって自分を成型しようとしていた。それがまだ漠たる一般性の上に支点を求めていたことは確かである。私は、『第一原理』の弱点を充分に感じ取ってはいた。だが、私には、この弱点は、著者が準備不足のために、力学の「究極観念」を掘り下げられなかったためだと映っていた。私は、彼の著作のこの部分をやり直し、補完し、強化できたらと思っていた。私は、自分の力の及ぶ限り、それをやってみた。驚くべきことが、そこで私を待ち受けていた。(In-1, p. 1254)

ハーバート・スペンサー(一八二〇—一九〇三年)は、イギリスで早くから進化哲学を構想した在野の哲学者である。鉄道技師や経済新聞の記者をしながら、全十巻の膨大な『総合哲学体系』を書き上げた。『第一原理』は、その第一巻として一八六二年に刊行された。この人が、大学教師でなかったことは、その哲学の一種野人的な直進性とよく結びついている。彼が、「発達の仮説」（一八五二年）などで唱え出した「進化」という考え方は、ダーウィンの『種の起源』（一八五九年）に先立っている。スペンサーは、宇宙の生成から地球内のあらゆる物質の変化、生物、歴史、社会の発展に至るまで、すべてを科学的進化論の実証によって跡づけ、予見できるものと信じていた。少年時代のベルクソンは、こういう哲学の一体どこを好んでいたか。それは彼自身が書いている。「事物の鋳型」を直接に取り、その鋳型に自分の思考を流し込むような態度、これが気に入っていたのである。

では、この少年が、『第一原理』の「弱点」と見たものは何だったか。進化（evolution）という生命の基本原理を、物質の純然としてメカニックな変化にまで押し拡げる、その度外れた性急さだろう。それは、たぶん当時から誰の目にもつきやすいことであって、ベルクソンという科学好きの少年は、この原理をとやかく批判しようとしたのではない。うまく修正して、もっと使いやすいものに作り替えようとしたのである。事件は、その時に起こった。引き続き、「序論」の回想を読んでみよう。スペンサー哲学の修理に取りかかった彼は、何に気づかされたか。

私は、進化の哲学全体で主役を演じるはずの実在の時間が、いかに数学を逃れるものであるかを見て、ほんとうに愕然とした。時間の本質は流れることなのだから、その一部分が今ここにある時は、ほかの部分はまだない。したがって、測定を目当てにして、部分に部分を重ね合わせることは不可能だし、想像することも、考えることもできない。(In-1, p. 1254)

「重ね合わせる」とは、足していくことである。一秒が経ち、また一秒が経ち、その結果二秒が過ぎた、という具合に足す。時間の数学的測定は、こういう重ね合わせが前提になっている。時間に限らず、数による測定というものはみなそうだろう。犬が一匹、二匹といて、全部で何匹というふうに数える。この場合、犬それぞれの性質は無視されている。どんな違った形の犬でも、〈同じもの〉だとされた上で、犬の数が次々重ねられていく。その操作は便宜的、抽象的だが、そんなことは誰でもわかっている。そうやって数えたからといって、犬たちそれぞれの性質が見えなくなるわけではない。いろいろな犬が、そこから姿を消すわけでは、さらにない。猫でも狐でも狸でもない、〈犬〉という共通な側面の集まりが、そこにはある。

この同じ測定を、時間に適用した時、事態はまったく別なものになる。数えれば、「実在の時間」は完全に姿を消す。触れることのできないものになる。ベルクソンは、その事実に驚愕したと言っているのである。

時間は、どんなふうに数えられるか。時計の目盛りが表わすように、動かない点として数えられる。針の動きそのものは数えられないが、針が通り過ぎた跡についている目盛りなら数えられる。それを一秒だ、二秒だと私たちは数える。だが、目盛りはじっとしている。そこには、ほんとうに動いているもの、過ぎているものは、何もない。ということは、時間はその一切の本質を捨て去らなければ、数えられるものにはならない、ということである。数えられる犬には、犬の特徴を示す頭もあれば、脚もある。私たちは、それを目で見ている。数えられる時間からは、時間の特徴を示すものが根こそぎ取り払われている。私たちは、そこに時間の切れ端も見つけることはできない。そういう時間の亡霊が、スペンサー流の進化哲学では、すべてを説明する原理となっているのだ。

ベルクソンという科学好きの少年が、人生で最初に衝突した障害物は、この「実在の時間」であった。そして〈衝突した〉とは、彼がそれを、乗り越えなければ生きられない新たな「問題」として、驚愕のうちに見出したということなのである。

第II章　ほんとうの障碍物に出会う

1　「持続」は障碍物だということ

少年時代、ベルクソンは数学的にものを考えることにかけては、誰にも負けず利発な子供だった。そして、この性向は生涯続いている。一九二二年に、彼がアインシュタインの相対性理論に対して『持続と同時性』という長大な反駁書を書いた時、哲学者たちの多くは、この本で緻密に駆使された数式の意味がわからず、お手上げの状態となった。ベルクソンは、そのことに心底《しんそこ》呆れている。彼らがお好みの合理的思考は、数学に異様の才を持った十七世紀ヨーロッパ人がはっきりと開いたものである。その才を基礎とする哲学から、実際の数学がすっぽり抜け落ちているとは、どういうことか。

　その理由を考えるのは、そんなに厄介なことではない。たとえば、十七世紀のデカルトと、彼よりずっとあとに生まれたデカルト主義者とは、どこが違うか。前者は、数学的学問〈自然学〉によって人の世の役に立つことを熱望したが、後者はただ理詰めの言葉によって〈世界〉なるものを説明しようとした。〈世界〉を理詰めで説明するのに、数式の緻密な駆使などは必要ない。ただの言葉でしかない理屈のやみくもな積み上げがあればいい。ベルクソンが一生を通して嫌ったのは、これであった。そこで、彼は哲学者から誤解された。論理から逃げて、何とはなしに情緒的な言葉を操る直観主義者だと思われたのである。こういう誤解は、まず何よりも誤解する者の知力の弱さを示している。しかし、この誤解には少し入り組んだ事情もあり、それを見ておかなくてはならない。

少年の頃のベルクソンが、ハーバート・スペンサーの進化哲学にある欠陥を補おうとして、「時間」という障碍物に出くわしたことは、すでに述べた。「時間」という観念が障碍物だったのではない、ほんとうに在る時間が、ベルクソンの行く手を実際に阻んだのである。その時のことを回想して、彼は次のように言っている。

私は、学校の生徒の頃から、持続は運動体の軌跡によって測定されること、数学的時間が一本の線であること、などはよく知っていた。しかし、この操作がほかのすべての測定操作と根本的に異なるものだということには、私はまだ気づいていなかった。というのは、この操作は、測定しようとするものの代表的な側面なり効果なりについてなされるのではない、測定されるものを排除する何ものかについてなされているからである。測定される線は不動だが、時間は動く。線はすっかり出来上がったものだが、時間はできつつあるものだ。いや、すべてができつつあるようにさせているものでさえある。時間の測定は、決して持続を持続とするものには振り向けられない。数えられるのは、ただ区間の両端とか瞬間（*moments*）とか、そういったものの幾つかの数でしかない。ということは、結局、時間の仮想上の停止点が数えられているのである。（In-1, pp. 1254-1255）

ベルクソンが「学校の生徒の頃から」よく知っていたのは、数学的な測定が一種の約束事であることだろう。たとえば、集会をするのに必要な数の椅子を集める。これで足りるかと数えてみる。椅子の形はまちまちで、材質も傷み具合もみな違う。けれども、そこに座れるという共通の機能があれば、数えることは当を得たことである。座れるという機能は、椅子の代表的な側面だと言えるのだから。数えることによって、この側面だけに着目することは、一種の約束事である。それでいい。椅子を数える人が、椅子がここに在るという事実は少しも否定されない。時間以外のすべての測定では、そうである。時間だけがそうではない。そのことに、学校の生徒だった自分は、「まだ気づいていなかった」とベルクソンは言うのである。

数えられる時間は、紙の上か黒板か、そういうところに引かれた一本の線になっている。線は動かないが、時間は動く。動かなければ、時間ではなくなる。時間は絶え間なく自分自身を作って、持続していくものだが、線は一度引かれると、始めから終わりまでが、もうそこにある。全部が見渡せる。時間の測定は、そういう一本の線に、約束事としての一定数の目印をつけることから成り立っている。数えられるのは、この目印である。が、目印は、時間の何をも代表しない。いや、それどころか、時間とは正反対のものである持続しない線のなかにある。

時間は持続するものなのに、時間の測定は持続しないものにだけ向けられている。つまり、時間は少しも測られていない。この場合、持続する、とはどういうことか。絶え間なく自分自身を作っている、ということだろう。持続は、ただの連続ではない。が、時間を測定する時には、時間のうちの持続する性質は、ただの連続に置き換えられている。紙の上に引かれた線は、連続している。それは、どこまでも限りなく連続させることができる。だから、それは時間が持つ限りない持続を表わすことができる、というわけである。ここにある言葉の罠に、誰も気づかない。

「連続」という言葉が意味するものは、日常生活の便宜で使われるひとつの概念に過ぎない。しかも、その概念の範囲はずいぶん広く、漠然としている。それは、空間にも時間にも、飛び飛びに起こる出来事にも使う。ふたつの建物は廊下でつながって連続している、ふたつの楽曲が連続して演奏される、あの町で連続強盗事件があった、というようなものである。こういう言葉の曖昧さは、生活が求めるもので、曖昧でなければ世の中のほうが成り立たない。けれども、時間のほんとうの性質を捉えて生物進化を語るのに、こういう言葉の乗り物にそのまま乗っていたのでは、何の真実も語ることはできない。それなのに、スペンサーは、ほとんど際限なく「進化」を論じることができる。言葉に欺かれて語ることは、あまりにたやすいことだから。

ベルクソンが「持続」という言葉を使うのは、まずは「連続」という日常語の罠から時間を救い出すためである。ただし、救い出された時間のほうは、少しも彼に感謝などしない。強大な障碍物として、あるいは檻から出てきた化け物のように、彼の思考の前に立ちはだかってきたのである。ここには、ひとりの少年が遭遇した精神の事件と言っていいようなものがある。ベルクソン哲学のこの出発点を、モチーフを捉えないで、彼の本を理解することなどほんとうにはできない。私はそう信じている。誰より彼自身が、そのことを痛感していた。痛感していたからこそ、彼が最後に刊行したのは、『思想と動くもの』に収められた、あの自伝だったのだ。

彼の性向が得意にしたものは、数学であり、事物の測定であり、空間の連続のなかで物を関係づけることだった。彼はそのやり方で、すべての物事に正確に応じ、入り込めると思っていた。それが科学のやり方だった。人類にこれほどの成果をもたらしてきた科学を疑う理由は、どこにもない。疑うべきは、また嫌悪すべきは、役立たずの思弁哲学だったのである。スペンサーの進化哲学には、自然科学による検証が含まれている。だから、ベルクソンはそれを受け容れた。ところが、驚くべきことが起こった。生物進化の哲学に科学の手続きを持ち込むほど、説明は不正確で、あやふやになる。誇張された統一、滑稽な行き過ぎでいっぱいのものになる。これは、この哲学が、まだ充分に科学的ではないということなのか。そうかもしれない。

ベルクソンは、この時もまたできるだけ科学的に、つまり問題になっているものの直接の吟味、具体的な観察を通して事に当たろうとした。彼は、科学をやっているつもりだった。そんなふうにやっていて、「持続」という途方もない事実が、化け物のように面前に躍り出てきたのである。単に連続する時間なら、スペンサーの進化哲学のなかにも充分過ぎるくらいある。その時間を広く見渡して、彼は生物進化論の方法で何もかもを予見、予測できる新たな哲学のプログラムを提出していた。けれども、そこで「連続」とか「時間」とかとして処理されているものは、ただの言葉に過ぎない。ただの言葉に過ぎないものを振り回して、なされる予測は、少なくとも生物という対象にとっては何の意味もない。予測は、外れるというよりは、何か根本的に滑稽なものになる。なぜか。自伝の言葉に戻ろう。

tという長さの時間が経つと起こる出来事がある。そんな言い方は、単にここからそこまでの間にtという数のある種の同時性がある、と言っているに過ぎない。求められているものの一切は、それらの同時性の間で起こる。時間は莫大に、無限大にさえ速められることだろう。そうやっても何も変わらない、数学者、物理学者、天文学者にとっては。ところが、意識の視線にとっては、違いは深刻である（もちろん、私が言いたいのは、脳内の運動とは連帯関係にない意識のことだが）。今日から明日、この一時間から次の一時間を待つ疲労は、意識にとってもはや同じではなくなる。まさにこのように待つことを、そのことの外的原因を、科学は考慮に入れることができない。科学は、流れている時間、これから流れるだろう時間に向かう時でさえ、まるでそれが流れてしまったものであるかのように扱う。それは、何とも大いに自然なことなのである。科学の役割は、予見することにある。科学は、繰り返され得るもの、計算され得るもの、したがって持続しないものを、物質界から引き出してとっておく。科学は、こんなふうに常識の方向に押し進んでいくことしかしない。常識は、科学の始まりなのである。(In-1, p. 1255)

常識は日常生活での有用な行動のためにある。行動をもっと有用に、有用にと願うほど、常識は科学の形をとっていく。近代の機械文明は、こういう常識の自然な願望の線上で生み出されていったと言える。常識から、あるいは行動の知恵から出発した科学は、物質界に働きかける。生き物の生活にとって、まず物質を何とかすること、自分の暮らしに利用しやすいものにすることが、一番肝心なことである。土でも木でも石でも水でも。この場合、利用しやすいとは、測定でき、予見できるということにほかならない。物理学や天文学はそこから始まった。数学がそれを助けた。だが、物質界そのものが、そうした操作にふさわしい性質を持っていなかったら、科学の成功はなかった。物質は、「繰り返され得るもの、計算され得るもの」を、それ自体のなかに持っているのである。

時間が「持続」だとベルクソンが言う時には、彼はまず時間には繰り返しがないことを強調したいのだ。一秒の間隔が五回繰り返されて五秒になる、そういう繰り返しの「連続」を時間と呼ぶことはできない。繰り返しの「連続」は、物質界のなかに確かにある。しかし、繰り返しの「持続」というようなものはどこにもない。これは、単なる語義の問題とは違う。では、何の問題なのか。実際に存在するふたつの領域、あるいはむしろ、在るもののふたつの傾向の問題である。これらふたつの傾向を、私たちは普通「物」と「心」と呼んでいる。「物」は繰り返し、「心」は持続する。一応は、そう言っていい。

数学者、物理学者、天文学者にとっての時間は、標《しるし》をつけられた繰り返しの回数以外のものを含んでいないから、この数さえ同じなら、標と標の間で何が起こっていようと問題ではない。たとえば、この宇宙の全体が、突然十倍の速さで回転し始めても、標の数が同じなら、言い換えれば、測定される項の諸関係の比が同じなら、科学はその計算を何ひとつ改める必要がない。ところが、そこに生きている私たちは、大変だ。一日の長さが十分の一になったら、目をまわす。正気を失う者さえ出るかもしれない。この目をまわすという意識は、客観的でも主観的でもない、ただ「持続」という実在にぶつかって生きている、ありのままの経験である。

だから、時間は「物」のほうに在るのではない。これをじかに経験する「心」のほうにだけ開かれている。そこにだけ、時間は実在するものの顔を現わしてくる。「意識の視線」がそこに吸い込まれる。先ほどの引用文で「(もちろん、私が言いたいのは、脳内の運動とは連帯関係にない意識のことだが)」とベルクソンが断わり書きを入れているのは、大脳生理学の主張を考慮に入れてのことである。十九世紀になって奔流の勢いで出現したこの性急な科学は、意識や心を脳という物質が繰り返す分子運動の所産と考える。心が脳の随伴物に過ぎないなら、つまり、この世にあるものが物質だけなら、時間というものは存在しないことになるだろう。

2 「持続」を語る困難

生活者も科学者も、持続の測定はするが、持続そのものについて考えはしない。考えても生活の役には立たない。だが、考えない理由はそれだけではないだろう。考えるということそれ自体が、持続を対象とすることには向いていない。持続を思い描くことの当初からの困難、言葉にすることの困難、それを知ることなしには、人は時間に関する一切の問いの立て方を誤るだろう。この困難の正体は、何なのか。それを見極めることなしには、生物進化論というようなものは成り立たない。

ベルクソンは、スペンサーの誤りを正す進化論を一九〇七年の『創造的進化』によって初めて世に問うことができた。「学校の生徒」だった頃から、彼が強いられていた問題は、この本によってついに回答されたと言える。けれども、その前に、彼は心理学、生理学と対峙し、切り結ぶふたつの主著を、知力と魂のすべてを挙げて書き上げなくてはならなかった。書き上げなくては、進化論に進む路は絶対に開かれてはこなかった。「時間」という問題との衝突から、『創造的進化』に至る戦いの歳月は、三十年以上にわたる。その志は、どのように立てられていたか。自伝を読み進もう。

しかし、この持続というもの、科学が振るい落とし、思い描くことも表現することも困難なこの持続というもの、人はそれを感じ、それを生きているのだ。それが何かを探究すれば、どうなるか。それは意識にどう現われてくるか。この時、意識はそれを見ようとするだけで、測定はしない。摑まえはするが、停止させはしない。意識は自分自身を対象として捉える。それは、観るものであって行動するもの、おのずからなものであって省みるものになるだろう。そういう意識が、集中する注意と逃れる時間とをまったく一致させるまでに近づけていくとしたら、どうなるか。
問題は、このようなものであった。私は、自分がそれまで興味のなかった内的生命の領域に、この問題とともに入り込んでいったのである。(In-1, p. 1255)

引用文の最後の二行、これはベルクソンの諸理論を整理して歴史的に分類する仕事に忙しい哲学研究者には、得てして軽く読み過ごされるものだろう。彼が「内的生命の領域」には本来まったく興味がなかったということ、むしろその領域で自意識を弄ぶ知的お遊びを激しく嫌っていたということ、この気質、天分がなければベルクソン哲学の誕生はそもそもない。彼の言う「問題」は、現われてはこなかった。

よく考えよう。なぜ、「時間」は、彼の嫌がる「内的生命の領域」に彼を引っ張っていったのだろう。「時間」が、心理的なものだからではない。物質界で展開される私たち生き物の行動が、時間を空間上のただの目印にしてしまうからである。科学は、もともと行動のためにあるから、このやり口をいっそう精密に推し進める。ベルクソンが「持続」と呼ぶものは、こうした日常行動がとりこぼすほんとうの時間のことである。持続そのものは、誰も知ろうとはしない。古代から今日まで、科学も哲学も、それを捉えようと努めた形跡さえない。だから、それを捉える正確な方法も、未知のままになっている。彼はそのことに茫然自失とする。

しかし、「持続」は誰もが自身のなかに感じ、生きている。一日の長さは、あるいは短さは、誰もが身をもって知っている。絶え間なく持続自身を作り出す持続とは、私たちが生きている事実そのものなのだから、当たり前なことだと言える。が、言えるだけのことだ。持続を持続そのものとして捉えるには、何か異様な注意が、自分自身についての極度に緊張した視力が要る。そうした努力は、長くは続かない。持続それ自体の感触は、たいていは一瞬のものとしてしかやって来ない。その一瞬に、持続のすべては圧縮され、次の瞬間にはまた散り散りに消え去る。なぜ消え去るのだろう。注意は、なぜ圧縮された持続を、そのまま鷲摑みにしておくことができないのだろう。生物としての私たちの意識は何よりも行動のために作られていて、言葉は持続の便利な固定化のために、有用な目印への置き換えのために、絶えず自分を整えているからである。

「持続」について、人はいったいどのように語ることができるのか。「持続」という言葉から引き起こされる何か漠然としたインスピレーションをめぐって、詩的に、文学的に語るようなことは、まったく話にならない。そんなおしゃべりが好きで、ベルクソンは「内的生命の領域」に入っていったのではない。彼が望んでいたのは、ただ考えることの正確さだと言ってもいい。物質についての科学は、その正確さを保持している。物質科学の説明は、扱われる対象に密着して、ほかの任意の説明が成り立つ余地のないところまで進んでいく。そういう正確さを哲学もまた持つのでなかったら、彼は哲学などに何の価値も与えはしなかった。

けれども、その物質科学の説明は、時間というものがすっかり抜け落ちた物質界にだけ当てはめられる。そういう世界が、ほんとうに在るのだろうか。それは、この時のベルクソンには、まだわからない。わかると言ってはならない。ただ言えることは、この宇宙のなかに物質界と呼ばれるような傾向がはっきりと在り、その傾向の本質は「持続」を含まず、数学的な計測に適する「繰り返し」を、あるいは規則性を持っているということである。物質科学の説明は、この傾向の存在によって正確なものになることができる。「持続」を対象とした場合には、そうではない。しかし、そうではないからといって、「持続」を捉える言葉が、科学の正確さを放棄していいことにはならないのだ。放棄するなら、そこにあるのは、ただの言葉であり、それは、めいめいの好みに応じた詩的哲学談義のようなものになるだろう。これは、ベルクソンには付き合えない話なのである。

ガストン・バシュラール（一八八四―一九六二年）という人がいる。この人は、物理学、哲学、詩学の各方面に才智溢れる膨大な論文を書き、混沌と明晰とがひとつになった誰も真似しようのない奇妙かつ巨大な著述を残した。そうやって、物理学を言わば文学化して語ることの好きな多くの読者を作り出してきた。このバシュラールが、ベルクソンの『思想と動くもの』が刊行される二年前に、『瞬間の直観』（一九三二年）という小著を出している。この本は、ベルクソンの「持続の哲学」に対抗する「瞬間の哲学」、あるいはまた「瞬間の詩学」といったようなものを構想して書かれたと言っていい。時間の本質は、持続ではなく、瞬間だというのである。

人が生きる現実は、〈この現在〉しかない。過去はすでになく、未来はまだないのだとしたら、それらを作り出すのは、それらから孤立する〈この現在〉にかけられた私の行為である。一切を含んでいるのはこの現在であり、これは行為の出来事が成り立つ孤立した瞬間としてだけ存在している。実際に、孤立した誕生や開始の瞬間があり、死の孤独な瞬間があり、無数に引き起こされる創造の暴力的瞬間がある。

時間は、これらの瞬間のなかに閉じ込められ、これらのなかでだけ、その実在を私たちに対して露わにしてくる。「現在の瞬間こそ、実在が立証される唯一の場なのだ」（Bachelard, *L'intuition de l'instant*, p. 14）。バシュラールは、そう言いたいのである。そう言いながら、「瞬間」という観念に、言わば時計の目盛りの地位しか与えなかったベルクソンを批判している。バシュラールによれば、もろもろの「瞬間」は「持続」よりも深いもの、「始原的」なものとして在り、後者は前者をつなぎ合わせて得られる作為的代物だということにさえなる。

さて、どうだろう。私は思うが、ベルクソンはこうした種類の議論には、まずまったく興味を持つまい。バシュラールの言う「瞬間」は、彼が自分の生を捉えようとする時の好みの概念なのであって、彼はありふれた生のなかに突然現われる絶対の孤立、不連続な飛躍や詩的創造の特異な強度といったものを思索することが好きなのである。好きと言って悪ければ、そういう性向を通してすべてを考える、と言い直してもいい。彼にとっては、現代物理学の主題もまた決してこの範疇を逃れられなかった。「瞬間」は、彼が立てているひとつの価値基準であり、それは生きる自覚や態勢の問題に結びついている。

バシュラールが「瞬間の哲学」を好んだように、ベルクソンは「持続の哲学」を好んだのではない。ふたつの「哲学」のそうした対比は、それがどんなに厳めしい外見をとっていようと、言葉の遊戯の域を出ない。そもそも、ベルクソンは「持続の哲学」などというものを発明して得意になっていたのではない。繰り返して言うが、「持続」はベルクソンが驚愕のうちに見出した思考の障碍物だった。これを取り除くことが、科学であるのか、哲学であるのか、あるいはまったく別な何ものかになるのか、彼には皆目わからなかったのである。わかっていたのは、これを取り除かなくては先へは進めないことだけだ。

思えば私たちにとって、「実在」は多かれ少なかれこんなふうにして現われる。ドアの実在を否定する極端な観念論者に説得力がないのは、私たちは誰もドアを開けなければ外には出られないからだろう。これは好みの問題ではない。時間は数による測定が絶対に不可能だということ、そういう時間が私たちをじりじり待たせたり、飽きさせたり、急《せ》き立てたりするということ、またその持続が絶対に予測不可能な新しい事態の到来とともにしか成り立たないということ、これらはすべて免れようもなく強いられたことである。この明らかに強いられた実在を、科学も哲学も素通りしてきた。これを素通りすることが、「常識」の習性だったから。

「持続」のなかに開始や飛躍や創造や死の「瞬間」があることを、ベルクソンが否定するはずはない。そういう瞬間は、持続の連続変化が作り出すさまざまな特異点だと言っていい。物質の例で言おう。熱せられ続けた水が、ある特異点で蒸気になる、〈なる〉という出来事がそこに起こる。持続のうちで孤立する瞬間とは、そうした出来事の成立そのもののことだろう。同じことは心の領域でも起こる。バシュラールが、この〈出来事〉を指して、ベルクソンの「持続」より「始原的」だとか「形而上学的」だとか言ったりするのは、どんなに公平に見ても結局のところ好みの問題に過ぎない。その種の詩的哲学談義に、ベルクソンの著述はもともと何の関係も持っていない。

3　持続という問題への入口

時間という問題は、その本質の部分に入り込んでいけば持続の問題になる。バスを待つ十分という時間は、一呼吸する一秒が六百回重なったものではない。待つ間に起こってくる心や身体のいろいろな変化は、実際に十分を待ってみなければわからない。その変化は、次々に起こってくる心身の新しい調子《トーン》で満ちている、またその新しさは、前にあった調子のなかからしか生まれてこないし、次に生まれる調子のなかに伸びていかなければ、どこにも行きようがない。

時間は、このような〈新しさ〉の経験のなかでだけ、その実在性《レアリテ》を現わしてくる。この事実は、ベルクソンの仕事にとって厄介きわまる障碍物だった。しかし、この事実との直接の対面、格闘がなくては、生物進化の哲学だか、科学だかを構想することなどは考えることもできない。彼は、そう思い、自分の生物進化論は、心理学の基礎から始め直す必要があることを、はっきりと認めた。

こうして、ベルクソンは、それまで無関心に過ごしてきた「内的生命の領域」に少しずつ足を踏み入れていく。まず、心理学で行なわれていることを勉強してみれば、そこには生物進化論にあるのと驚くほど似通った欠陥があることに気がつく。心理学で採用されている「連合主義」という考え方、ここにないものもまた時間であり、持続である。

生物進化論が、進化の事実を、進化途上に現われる生物の形態的な「諸状態」を並べて説明していくのとまったく同じように、心理学は心の持続を、意識の「諸状態」を並べて説明する。説明の工夫は、この並び方が、なぜほかでもないこの並び方になったか、ということに集中する。この意識状態が、別のあの意識状態を呼び寄せて連続していくのはなぜか、こういう説明のために「連合説」という複雑な理論が作られる。「諸状態」の間を接着させるための理論と言っていい。

けれども、そんな「諸状態」は、初めからありはしない。あるのは、絶え間なく新しくなる心が、そのうちから新しい心を生み出していく持続である。が、ベルクソンは、いきなりこのことを心理学者に対して哲学的に言い放ったのではない、彼は「連合説」そのものの実に慎重な吟味を行ない、その観点からはまるごと逃れていく心の持続が、その本体が、一体どこにあるかを摑もうとした。すると、この把握は、自分自身にとっても実際には驚異的に困難であることがわかったのである。

物質の科学が、変化を「諸状態」の並置に置き換えるのには、立派な理由がある。そうすることには、行動上の利点がまったくあり過ぎるほどあるからだ。すでに述べてきたように、物質の科学は、物に働きかけて利益を得る私たちの知性の習慣に根を張っている。いや、知性の本来の性質に根を張っていると言ったほうがいい。生き物を相手にしても、科学のこのやり方は基本において変わらない。どんな科学も、行動のための知性に依っているのであって、純然とした思弁の能力などに依っているのではない。そんな能力は、そもそも私たちにはない。

けれども、生きているもののなかにある「持続」は、行動のための知性に抵抗し、そこから逃れていき、時に襲いかかって、したたかなしっぺ返しを私たちに喰わせる。これも生活の常識が知っていることである。しっぺ返しを喰った私たちは、知性による計算の不足を反省するか、そうでなければ、この世のものの測り難い性質に、人の心の知り難さに、今さらのように驚くか、ふたつにひとつである。いずれにせよ、「持続」は障碍物として実在する。実在するからこそ、私たちの実生活は、太古の昔から手痛い失敗に満ちているのである。

これは、ベルクソンが繰り返し指摘したことだが、人間の目から「持続」という障碍物を覆い隠してしまうのに、一番大きな役割を果たしているのは「言語（langage）」である。

最高度に強い知性は、知性自身の欠陥を正確に捉え返すことができるだろう。しかし、実際には、どんな知性も、ほとんど想像を超える言語の束縛のなかにあって、それができないでいる。「持続」と言いながら、私たちはもう空間のなかに引き伸ばされた連続を考え始める。「持続」という言葉そのものが、初めからそんな意味でいっぱいにされている。「運動」とか「変化」とかといった日常の言葉は、動くこと、変わることから「運動」や「変化」を取り除くためにこそ用いられている始末である。

犬が、あそこからここへと走って動く、こう言う時には、運動は通過になっている。あの点から、この点への犬の通過である。けれども、運動は二点の〈間〉で起こり、これらの点は少しも動いていない。言葉に頼る知性は、ふたつの点の間で起こったことを説明しようとして、点の数を増やすことしかできない。あの点からこの点へ、さらにこの点からあの点へ、という具合に。点がどんどん増えると、運動が描く曲線はそれに応じていくらでも複雑になる。実際、四つの脚でヒョイヒョイと走る犬の動きは、手書きの点で示せば気が遠くなるほど複雑なものになる。そのうち間隔は、点でいっぱいになり、無限小のなかに消えてしまう。が、犬の運動は、消えはしない。それは、動かない無数の点が説明するものとは、初めからまったく別のところに在ったのだ。ベルクソンは書いている。

運動を一連の位置として描いてしまう、こうした知性の表象を跨ぎ越していこう。運動へとまっすぐに赴こう。差し挟まれる概念なしに、それをよく視てみよう。私たちは、運動が単純なものであり、まったくひとつのものであることに気づく。そこで、もっと進んでみよう。この運動が、私たち自身の生み出すあの異論の余地なく実在的な、有無を言わさぬ諸運動のひとつと一致するようにしてみよう。今度は、私たちは動きをその本質において捉えることになる。動きは、ひとつの努力と溶け合うように感じられ、努力の持続は不可分の連続と感じられる。(In-I, p. 1257)

こういう書き方が、どれほど細心な注意によって成り立っているか、私たちはまず驚くべきである。「運動を一連の位置として描いてしまう」知性の習性から、人はまずよほどのことがない限り、免れ得ない。「運動へとまっすぐに赴」くことは、ただそうしようと考えるだけでは、ほぼ不可能である。けれども、それはできる。運動をよく視てみるという、私のこの単純な行為を通してできるのだ。この時、〈よく視る〉という私の単純な行為は、視られる運動の単純さと一致して働くほかない。

犬が走るように、私は走る犬を視る。視る行為は、私にとって「異論の余地なく実在的な、有無を言わさぬ諸運動のひとつ」である。犬が走る努力とそれを視る私の努力とは、溶け合ってしまうように感じられる。ふたつの努力は、同じ時間を生き、同じ単純な持続のなかで疲労し、やがて別の運動に移っていくだろう。そこには何の切れ目もない。多数の位置の複合など思いもよらない。

「変化」という言葉にしても同じである。「運動」がたくさんの「位置」の複合ではないように、「変化」はさまざまな「状態」が並んだものではない。しかし、知性は「変化」をそういうものとしてしか理解し、説明することができない。言語が知性のその習性を、動かし難いものにしてしまう。「青」が「緑」に、「緑」が「黄」に変化したと人は言う。実際には、色はそのようにして固定できる何らかの「状態」ではない。色は、光の無数の振動であり、変化そのものである。色の変化を正確に描写しようとして、「青」と「緑」の間にどんなにたくさんの色の名前を挿入しても無駄である。名前は「状態」しか表わさず、変化はどんな「状態」も含んでいない。

心理学は心の「諸状態」というものを想定しなくては、何を語っていいのかわからない。分析し、計量し、関係づけによって説明できるものはそうした「諸状態」である。「痛い」とか「うれしい」とか「悲しい」とかといった、心のありようを意味する余りにもたくさんの日常語が、心理学の操作を土台のところで支えている。つまり、心理状態の存在は自明だと、私たちに思わせている。だが、それらの言葉で表わされる諸状態の存在が、あやふやなものであることは、自分の心に起こる変化のちょっとした観察でも気がつく。気がつくが、そんなことはすぐに忘れられるだけである。「持続」の問題を考える入口、まさに唯一の入口が、実はここにある。『創造的進化』第一章の書き出しで、ベルクソンはこうした入口をしっかりと示している。少し長い引用になるが、その文章を注意して読んでみよう。

私たちが最も確信し、熟知している存在は、何といっても私たち自身の存在である。なぜなら、ほかのあらゆる対象について私たちが持っているさまざまな観念なら、人はそれらを皮相的だとも、うわべだけのものとも判断できようが、私たちは自分自身を内的に、深く知覚するからである。そこでは、何が確かめられるか。この特権的なケースにおいて、「存在する」という語の正確な意味は、どんなものになるか。〔…〕

まず、私に確かめられることは、自分が状態から状態に移行する、ということである。私は、暑かったり寒かったりする。楽しかったり悲しかったりする。働いたり何もしなかったり、自分を取り巻くものを眺めたり、ほかのことを考えたりする。感覚、感情、意欲、表象、こうしたものの各変容のなかに私の存在は配分され、これらが私の存在を順番に色づける。ゆえに、私はやむことなく変化する。しかし、この言い方は充分ではない。変化は、初めに考えられているより、もっとはるかに根底的なものだ。

現に、私は自分の諸状態のそれぞれについて、まるでそれがひとつの塊をなすかのように語っている。私は、自分が変化するとは確かに言っているが、変化はひとつの状態から次の状態への移行のなかにあると、私には映っている。別々に取り上げられたそれそれの状態については、それが生まれている間中、それはそれのままであり続けると、私は思っていたい。ところが、その私が、ほんのちょっとでも注意の努力を払ってみれば、不断に変容していない感情も、表象も、意欲もないことがはっきりする。もし、心の一状態が変化をやめれば、その持続は流れることをやめるだろう。内的状態でも一番しっかりしたもの、動かない外的物体への視覚を取り上げてみよう。物体を同じままにしておき、私がそれを同じ側から、同じ角度で、同じ光のもとに視るとする。それでも、私が得る視覚像は、直前の視覚像とは異なっているほかない。なぜなら、その視覚像は一瞬で古びるからだ。私の記憶がそこにあり、この現在のうちにあの過去のうちの何ものかを押し込む。私の心の状態は、時間の経路を進みながら、みずから積み重ねる持続で絶え間なく膨らんでいく。心の状態は、言わば自分自身の雪だるまを作る。感覚、感情、欲望などのもっと深い内部の状態では、このことはもっと言える。これらは、単純な視覚のようには不変の外的事物に対応していない。しかし、この途切れ目のない変化には、注意を払わないでおくほうが便利である。これに気づくのは、変化がたいそう大きくなって、身体に新しい態度が、注意に新しい方向が刻印される時だけでい。まさにその時、人は自分の状態が変わったと思う。ほんとうは、人は絶え間なく変化していて、状態そのものが、すでに変化なのだ。(EC, pp. 495-496)

「持続」という問題には、自分の心のこうした日常経験からしか入り込めない。何度も言うが、それはベルクソンが望んだことではない。この小さなたったひとつの入口からしか、彼は『創造的進化』の大叙述に入り込むことができなかった。そしてもっと重要なことは、ベルクソンは『創造的進化』を書き進める間、まさにこの入口でだけ摑むことのできた細い導きの糸を、決して手離さなかったということなのである。

4　予見不能であるとは

ベルクソンが思索し抜いたところを、「直観の哲学」だとか「生の哲学」だとかいう標語で呼ぶのは、まったく馬鹿げている。ベルクソンという人は、そういう大雑把な口の利き方を最も嫌った。誰よりも嫌ったと言っていい。「持続の哲学」という標語にしても、それは同じことである。何とか彼の気に入る言い方を探せば「経験の哲学」だろう。しかし、昔から「経験主義」を自称している哲学流派があり、これは心や身体を刺激と反応で動く機械人形に仕立て上げる。誰にも機械人形になった経験はないのに、これは何とも不思議な経験主義ではないか。だから、ベルクソンは、自分のやり方を「真の経験主義」だと言ってみるほかなかった。

運動を一連の位置に、変化を一連の状態に置き換えれば、〈時間が経つ〉とは、一体どういう事実になるか。たとえば、並べられた絵札のようなものの順々の現われになるだろう。私たちに禁じられているのは、絵札をいっぺんに見ることだけである。けれども、絵札は初めからすべて揃っている。ベルクソンが、このことを映画フィルムのコマに喩えたことはよく知られている。この喩えは、『創造的進化』にも『思想と動くもの』の「序論」にも出てくる。ここで彼が言いたいことは、まず映画フィルムでは、すべての写真がすでに撮られてしまっているということである。写真に動きはない、動きは映写機のほうにある。映画館の映写機を十倍、百倍、千倍の速さでまわしてみよう。観客は目をまわすだろうが、各コマの写真には何の変化も起きない。

　映写機を千倍の速度でまわせば、上映時間は千分の一で済む。けれども、撮られた写真をいっぺんに眺めることはまだできない。いくら速くまわしても、それは絶対にできない。こういうところでは、コマを順繰りに送らざるを得ない必要性は、映画全体に対する何か欠損のようなものになっている。継起は映画に何も付け加えないどころか、映画を見ることの邪魔をしている。時間がこういう継起として考えられている限り、人は時間の外に出なければ、永遠に未完成なもの、不完全なものを目の前にしていることになるだろう。実際、古代から、いかにたくさんの哲学者たちが、時間の外に出ることを望んだか。そして、彼らは、観念の上でだけ、望みどおり時間の外に出たのである。そこで、ベルクソンは次のように言う。

　彼ら〔哲学者〕のうちの誰ひとりとして、時間に積極的属性を求めた者はなかった。彼らは、継起を出来損ないの共存として扱い、持続を永遠性の欠乏として扱った。彼らが、根底的な新しさとか予見不能性とかに、どうあっても想い及ばなかったのは、そのためである。私が言っているのは、いろいろな現象や出来事の非常に厳格な連鎖を信じて、結果は原因から導き出されるべきだとする哲学者たちのことだけではない。こういう人たちは、未来は現在のうちに与えられていると思い込み、理論上そこに未来は見ることのできるもの、したがって、新しいものを何も付け加えないものと思い込んだのである。しかし、自由意志というものを信じたごく少数の人々でさえ、それをふたつかそこらある態度の間での単なる「選択」に格下げしてしまった。まるでこれらの態度は、あらかじめ描き出された幾つかの「可能的なもの」であるかのように。まるで意志は、それらのうちのひとつを「実現する」だけであるかのように。だから、彼らもまた、たとえそうとは知らないにせよ、一切は与えられていると認めてしまっている。まったく新しい（少なくとも心のなかでは）行動というもの、いかなる仕方でも、単なる可能性の形でも、その実現に先立っては存在しない行動というもの、彼らはそういうものについて何の考えも持つことができないでいる。けれども、自由な行動とは、そういうものではないか。だが、それをそのように知覚するには、またさらに、どんなものであれ創造を、新しさを、あるいは予見不能を想い描くには、純粋な持続のなかに身を置き換えなくてはならないのである。(In-1, p. 1260)

因果関係の厳格な連鎖を主張する哲学者たちは、機械論者と呼ばれる。彼らの存在論上の立場はいつも唯物論であり、認識論上の立場は経験論、実在論である。人間には「自由意志」があることを主張する「ごく少数の人々」は、目的論者と呼ばれる。彼らの存在論上の立場はたいてい唯心論であり、認識論上の立場は合理論、観念論である。ふたつの流れは、ほとんど西洋哲学の発生時から今日まであると言っていい。二派の論争は際限なく続き、その間に解決不可能な難問を、彼らだけの世界で次々と作り出してきた。

こういう問題には、一般の生活者たちはまず関心を持たない。持ったところで、誰も何の得《とく》もしないことは、すぐにわかる。若いベルクソンが哲学を嫌ったのは、疑いなく生活者のこうした実感からだった。生活が強いる経験は、哲学論争の無意味を明らかにするほかないだろう。

生活のなかで、人はたとえば待つことを強いられている。私には明日の昼、なつかしい友人に会う約束がある。私は、彼にもっと早く会いたいと思う。けれども、それは事情が許さない。そこで、私は明日の昼のことをあらかじめいろいろに想像してみる。待ち合わせ場所の細部を思い浮かべ、そこに座る二人の姿を思い浮かべ、たぶん交わされるだろうたわいない会話をこまごまと予想してみる。こうして、だんだん時間が経つ。その時が来る。まったく何ひとつ予期できなかった感情に、私は満たされている。事態の一切は新しく、見知らぬものだ。予測も選択も不可能なものだ。時間が経ち、物事が実現するとは、まさにそういうことではないか。私たちの生活は、そういうことのとめどない連続で成っている。ベルクソンの言い方は、こうである。

実際、あなたが明日果たすだろう行動を、今日思い浮かべてみたまえ。自分が何をするか知っていてもよい。あなたは、実行するべき動きをたぶん想像裡に描く。が、それを実行しながら、あなたが思い、感じるだろうことについて、あなたは今日何も知ることはできない。なぜなら、あなたの心の状態は、明日にはその時まで生きてきたすべての生を含んでいるだろうし、さらに、そこにその特殊な瞬間が付け加えるものをも含んでいるからである。この状態を、これが持つはずの内容で前もって満たすには、まさに今日を明日から引き離している時間のすべてが、あなたには必要だろう。というのも、心的生活は、その内容を変えることなしに、ただの一瞬でも減じることが、あなたにはできないからだ。メロディの持続を、その性質は変えずに短くすることが、あなたにできるだろうか。内的生活は、こうしたメロディそのものである。したがって、あなたが明日することを、あなたが知っているのだとしても、予見されるのはその行動の外側の姿でしかない。内面を前もって想像しようとする一切の努力はひとつの持続を占め、その持続は伸びに伸びて、その行動が果たされる瞬間、もはや行動を予見することが問題にはなり得ない瞬間にまで、あなたを連れていくだろう。もし、行動が真に自由であるならば、言い換えれば、その外形も内面の色づきも、それが果たされる瞬間にすべてをまるごと創造するのだとしたら、予見するとは一体何であろうか。(In-1, pp. 1260-1261)

ベルクソンのこの文章は、言い換えることも要約することもできない。私はそう感じる。機械論は、未来のすべてが予見可能だとしている。たとえば、私が十年後の何月何日のこの時間に何をし、何を感じ、考えるかは、データと方法さえ整っていれば予見可能だとする。予見不能を告白することは、知性の恥である。人間の「自由意志」を認める目的論では、予見不能は制限されたささやかな自由の証である。人は物体ではない。用意された幾つかの選択肢の間で、私が何を選ぶかは私の勝手というわけだ。

ベルクソンでは、どうなるか。予見不能は、彼にとっては単なる事実である。この単なる事実は、私たちの思惑次第でどうにかなるものでは決してない。なぜなら、生きるとはまさに時間が経つことであり、時間が経つとは生きてきた経験の一切が変化し、新しく生まれ変わってくることだからである。この変化は、変化しない諸状態が入れ替わり立ち替わり現われてくることではない。描かれてしまった絵扇を開くことではないし、裏向きに並べられたトランプを表に返していくことでもない。明日の四時からの行動で、私が思い、感じることは、明日の四時にならないと生まれてこない。いや、その行動の過程の内側を通ってでないと、私はその時の自分自身に決してめぐり会わないだろう。したがって、時間が経つこと、持続すること、このことを故意に無視する手管を用いない限り、予見不能は議論の余地ない最も明白な事実である。

このことは、自由についてもまったく同じように言える。持続するものは、自由であるほかない。それは、いいことでも悪いことでもなく、問題として議論するのが馬鹿馬鹿しいほどの明白な事実である。持続するとは、やむことなく新しいものが生まれ、それによって古いもののすべてがやむことなく変わっていくことを言う。人は機械的法則に従って変化するから自由でないとか、幾つかの可能性から選択することを許されているから自由だとか、そういう議論はみな、持続という明白な経験の事実に目を塞ぐところから来る。機械論であれ、目的論であれ、あるいはそれらの折衷案であれ、そこで見事に欠落しているものは、現に生きて在ることへの素直な実感だと言っていい。持続への顧慮は、まさにそういうものからしか育ってこない。

ベルクソンが、その第一の主著『意識の直接与件に関する試論』で達したのは、このような結論だった。それは、心理学の諸問題を、「持続」という新たな観点からひとつひとつ忍耐強く捉え直した時に、彼のうちに一挙に湧き起こってきた思いがけない信念だっただろう。「持続」は、心理学上の一問題ではもちろんない。が、持続という明白な経験の事実が、私たち自身の心を元手としてしか成り立たないことは、科学好きの若いベルクソンにも否定しようがなかった。しかしまた、持続すること、時間が経つことは、私たちの心のなかでだけ起こる事実ではない。心であれ、身体であれ、物質であれ、時間はその全体を貫いて流れるのでなかったら、時間と呼ぶことはできないだろう。

この問題に、彼はどのようにして進んでいったか。

第Ⅲ章　砂糖が溶ける時間

1　映画フィルムは回転する

　時間の長さを測ろうとすれば、そこに何らかの区切れを入れるしかない。この長さとあの長さを測って比較しようとすれば、その区切れは共通のものでなくてはならない。時間は、そんなふうに扱われないと、私たちの生活を大変困らせる。人との待ち合わせひとつできない。けれども、それは私たちの側の都合による。このような身体を持って行動する私たち人間種の都合によるのである。

　たとえば、人間が鉄砲玉のように速く歩けるとしよう。走れば、その何倍も速く移動できるとする。鉄砲玉なんかは、ずいぶんゆっくりした速さで飛んでくるように見えるだろう。秒刻みになっている時計の文字盤は、私たちには大雑把過ぎることになるだろう。その時、一時間の長さは、私たちには一週間にも感じられる。そうなると、時計の目盛りもカレンダーの日割りも、作り替えないと不便ということになる。もちろん、それは天体現象を考慮した上のことになるが、とにかく、私たちが生活の上で時間を測るやり方は、変更せざるを得ないはずである。

そんなわけで、時間の測定や比較は、私たちの身体の行動能力が基礎になっていると言っていい。時間を測ったり、較べたりできるのは、私たちの身体の行動が、いやでも時間を持つ、ということの事情による。時間そのものは、長さも区切れも持っていない。長さや区切れは、空間の性質でしかない。が、この場合、空間とは私たちが想い描き、線とか点とかを使って表わしているものである。こんなふうに表わされる空間が、ほんとうに在るのだろうか。ベルクソンはないと考えた。そう考えるほかないところまで、時間と空間との性質の差異を考え詰めた。

ベルクソンが生きていた頃から、彼は空間の積極的な性質を充分に考察していない、という批判がよくなされてきた。意識が経験する時間、生きられる時間については、あれほど精細に語った彼が、空間となれば、ただの形式、人為的な構成物のように扱っている、というわけである。空間もまた生きられ、多様に経験されるものではないか、という反論がすぐに出てくる。実に粗雑な反論だが、こういう反論が出やすい所以《ゆえん》については、少し考えてみてもいいだろう。

ベルクソンがスペンサーを読んでいるうちに発見した「時間」、あるいは「持続」というものは、心理的な、もしくは現象学的な時間ではない。それ自体で在るものだ。しかし、こう言っても誤解は少しも解けないだろう。彼は、時間がまず在って、それが直接に生きられたり経験されたり、また測定されたりもする、と言っているのではまったくない。およそ在るものはすべて、人が気楽に時間と呼んでいるものと根底では同じであり、そこでしか成り立たない、と言っているのである。

時間が在り、同じく空間が在って、それらが人に応じていろいろに生きられる、経験される、というような考えは、実は誰もが生活のなかですでに抱いている常識に過ぎない。対象《もの》があり、自分がいて、対象《もの》についての経験がある。そう思って生きることは、生活する上では必然でさえある。しかし、そうした考え方を、どんなに哲学的に精密化しても、ベルクソンが言う「持続」と出会うことはないだろう。

確かに、「持続」は、ベルクソンという科学好きの学生を、哲学の方向に、「内的生命の領域」に言わば〈回心〉させたモチーフかもしれない。だが、回心したからといって、彼は科学を捨てたわけではまったくない。いや、自分はまだ依然として科学をやっているのだと主張しても別に差し支えなかっただろう。それは、「持続」のなかで再び一切を拾い上げる科学である。

「持続」が単に心理的なものではないのだとすれば、また、それが在るものの在り方一切なのだとしたら、そこには科学が扱う物質も、哲学が扱う意識や精神も、あるいは生理学が扱う身体も、別の在りようで姿を現わし直すこととなるに違いない。区分された幾つもの実体や個体としてではない。物質、心、身体といったものの入り混じる共存は、「持続」のなかでは、一体どんなふうにして成り立っているのか——これがベルクソンの発明した問い方である。

縮めることも引き伸ばすこともできないこの持続を生きているさまざまな意識と並んで、時間がその上を滑っていくだけの物質的な体系があることは、間違いない。そのなかで次々起こってくる諸現象については、確かに、それらが扇を開くように在るとか、あるいはむしろ映画フィルムの回転のように在るとか言ってもいい。それらは前もって計算できるものであり、それらの実現に先立って、可能性の形で存在していた。天文学、物理学、化学が研究する諸体系とはそうしたものである。物質的宇宙は、その総体において、この種の体系を形作っているのだろうか。私たちの科学が、そう仮定する時、科学がしていることは、計算不可能なものを宇宙の隅に放っておくことだろう。しかし、哲学は、何ものも隅に放っておくことを望まない。私たちの棲む物質界の諸状態が、私たちの意識の歴史と同時に在ること、哲学はこのことの確認をはっきりと義務づけられている。後者が持続するように、前者は何らかの仕方で実在の持続に結びついているのでなければならない。(In-1, pp. 1261-1262)

私たちの心は持続する。絶え間なく変化して、新しい諸状態を作り続けていく。ただ部屋にじっとしているだけでも、一時間後に自分の気持ちがどうなるかは、予見不能である。このことは、自分の心を振り返るだけでわかる。物質はどうだろう。物質の動きは予見できる。ビルの上から落とした靴が、何秒後に地上に到着するかは、面倒だが計算できる。日蝕がいつ起こるかも、水に入れた砂糖がいつ溶けるかも計算できる。ここでは、予見できるとは、数式によって事の起こりを事前に計算できるということである。けれども、これは、ほんとうに予見するということなのか。

確かに、純然とした「物質界」では、予見とは数式を使った計算のことなのだと言うしかない。天文学、物理学、化学は、予見にそれ以上のものを求めはしない。しかし、この「物質界」というものは、宇宙のなかで孤立した体系をなしてはいない。物質は、宇宙のなかで予見不能なものと絡まり合い、ふたつは互いに浸透し合っている。私たちは、その好例を自分の身体のうちに観ることができる。が、身体だけではない。物質界の全体が、「何らかの仕方で実在の持続に結びついているのでなければならない」。なぜなら、宇宙は、どんな時もただひとつのものだからだ。

科学が計算、測定する「物質界」は、宇宙のなかの孤立した部分ではなく、そのなかのひとつの側面、要素、あるいはもう少し正確な言い方では「傾向」なのだろう。「傾向」は、ベルクソンがとりわけて好んだ言い方である。科学者はこの傾向から、純然とした物体だの、その運動だの、それに要する空っぽの空間だのを知的に抽出して固定する。そうすることが、科学者の「予見」にとって不可欠なことは明らかである。

また、そうした抽出と固定とは、いたって知的になされはするのだが、人間の身体の行動にとって便利なように設定されている。知的な分析、分割は、いつも行動の有用性を目当てにしている。が、そのことは、当の科学者にも容易に気づき難い。それほど、科学の分析、分割は、身体の行動に深くまで根を張っていると言える。

けれども、科学者が何をしようと、宇宙の持続（あるいは宇宙という持続）は、元のままに在る。もちろん、単なる混沌としてではない。ベルクソンは、まずここにふたつの「傾向」があることをはっきりと認めざるを得ない。それらは、ごく簡単に言えば、生命の傾向と物質の傾向とである。近代の科学は、後者の傾向から純然とした「物質界」を、精密に、首尾一貫した体系として引き出した。それは、私たちの生活や行動が、もともとそうした「物質界」を、ある程度まで想定して成り立つものだからである。

その生活や行動は、生命の傾向に深く入り込んでいる。生活や行動は、自分が属する傾向の度合を強めるほど、純然とした「物質界」を必要とし、いつもそれを欲しがる。生活力に溢れた行動家が、しばしば物欲に憑かれた人であるのは、そのせいなのだろう。それだから、彼は大いに物の御機嫌をとって苦労するのである。ふたつの傾向は、宇宙のなかで、いつもそんな具合に絡まり合い、干渉し合っている。

純然とした「物質界」は、ひとつの抽象に過ぎない。が、その抽象を成り立たせる基盤としての〈物質的傾向〉というものなら確かに在る。その傾向が、科学に一定の「予見」を許すのである。「物質界」という抽象のなかで予見する人は、時間は扇を開くように、映画フィルムを回転させるように、展開するものだと考えたい。そう考えてこそ、完全な予見は可能になるというものだ。

ところで、映画フィルムの例だが、これを『思想と動くもの』の「序論」は、『創造的進化』の時よりもさらに踏み込んだ意味合いで使用している。その用い方から、映画理論は今日でもまだ極めて重要な教えを引き出せるはずだと、私は思っている。「序論」でのベルクソンの言い方は、こうである。

理論的には、完全に計算可能な体系のなかで、継起する諸状態が焼きつけられているフィルムは、何ひとつ変化させることなく任意の速さで回転させられるだろう。が、実際には、この速さは特定のものだ。なぜなら、フィルムの回転は、私たちの内的生の一定の持続に――ほかの持続ではない、私たちの内的生の持続に、対応しているからである。だから、回転するフィルムは、おそらく意識に結びついている。その意識は持続し、またフィルムの運動を調整もするのである。前にも言ったが、コップ一杯の砂糖水を作りたいとしたら、砂糖が溶けるのを待つほかはない。この待つことの必要は、重要な事実である。これが必要であるとは、すなわち次のことを意味する。もし、時間が抽象、関係、数に過ぎないような諸体系を、人が宇宙のなかに切り取れるとしても、宇宙自身は別のものである。もし、私たちが、宇宙を、無機的ではあっても有機化されたものを織り合わせたものとしてまるごと捉えたならば、私たちは、宇宙が新しく、なまなましい、予見不能の形を絶えず取って現われるのを見るだろう。そのことは、私たちの意識の諸状態と変わりないのである。(In-1, p. 1262)

映画フィルムでは、すべての映像がすでに焼きつけられているから、それを回転させたからといって、ひとつひとつの映像には何の変化もない。運動もない。わかりきったことである。スナップ写真が並んだだけのものを、誰も映画とは呼ばない。映画館で観る映像には、現に運動がある。ベルクソンが私たちに注意を促したいのは、この運動がどこから来るのかということだ。

運動は、回転する映写機から来る。映写機の機械的運動が、映像そのものの運動になる時、私たちはスナップ写真の羅列ではなく、まさに〈映画〉を知覚する。ところが、事はそれほど簡単ではなかった。私たちが映画を観る眼は、もちろん身体や意識に属し、それらは生命的傾向のなかにどっぷりと浸かっている。この眼が、談笑する人たちを、走る犬を、風にざわめく木々を、映画のなかになめらかに知覚するには、完全に無機的な映写機はいったいどれくらいの速さでまわる必要があるか、また一定時間に等間隔で回転するスナップ写真の数はどれくらいでなくてはならないか。

この問題が解決されなければ、人は〈映画〉を観ることができない。実際、この問題は、一八九五年のリュミエール兄弟によるシネマトグラフの発明以来、数十年をかけて映画制作のなかで解決されたのである。たとえば、一秒間の撮影に二十四コマ、というスナップ写真の数は、そうした解決を求めるうちに次第に定まった。ベルクソンが、映画を例に哲学を語っていた時期は、この数十年間とほぼ一致している。

ところで、彼が『創造的進化』（一九〇七年）の第四章に「思考の映画的メカニズムと機械論的錯覚」という題名を与えたのは、思いつきの洒落ではない。ここで映画を持ち出したことには、それだけのはっきりとした理由がある。

人の知覚や意識が、その生命的持続のなかに外界の物を取り込むのはどのようにしてか――この章で彼が説き切ろうとしたのは、まずはこのことだった。取り込むとは、生き物としての自分の持続を、外界の物に絡みつかせること、それとの間に生きた連絡通路を生み出すことである。この時に、私たちが行なう生の持続と外界の物との絶え間ない「調整」は、映画がやっていることと、原理としては同じなのである。つまり、私たちひとりひとりは、言わば自分の身体のなかに、キャメラと映写機とを同時に埋め込み、働かせている。

映画キャメラは多数のスナップ写真を撮り、映写機はそれを動かす。人の知覚もまた、このふたつのことを行なう。ただし、いつも同時に行なうのである。この時、体内の映写機の動きは、身体の運動能力とその有用性を尺度にして決められる。映画の映写機には、そうした尺度がないから、映画を観る私たち人間の体内の映写機に調子を合わせていくしかない。ここにもうひとつの「調整」が必要になる。『思想と動くもの』の「序論」では、映画自身によるこの「調整」が、語られているのである。

なぜ、そういうことになったのか。私たちひとりひとりの生の持続は、この身体の外に在る世界と、言わば宇宙の持続を何らかの仕方で深く共有するのでなかったら、他人と共通の時間を感じることも、有用に生活することもできないだろう。この共有には、〈生命的傾向〉と〈物質的傾向〉との間の膨大な「調整」を実は必要とする。が、私たちの知性は、この事実に容易に気づかない。ベルクソンの考えでは、映画ほど端的かつ人為的に、この「調整」の事実を明るみに出してくれる道具はないのである。

2　砂糖水ができるまで

先に引いた文章で、砂糖水の例は、なぜ突然映画の例に結びつけられて出てくるのだろうか。砂糖水の例は、『創造的進化』では第一章のごく冒頭の部分に出てくるが、「思考の映画的メカニズム」が語られるのは最後の第四章である。『思想と動くもの』の「序論」では、フィルムの回転と砂糖水ができる過程とは、緊密に結びつくふたつの例として、極めて圧縮された形で語られている。この結びつきによって、ふたつの例は（特に映画の例は）、その価値をいっそう高めているように思われるのである。

砂糖水について語る『創造的進化』の一節は、次のように現われてくる。

私がコップ一杯の砂糖水を作りたいとしたら、どうあっても、私は砂糖が溶けるのを待たなくてはならない。このささやかな事実には、莫大な教えがある。なぜなら、私が待たなくてはならない時間とは、もはや物質界の全歴史にわたってひとしなみに適用されるあの数学的時間、その歴史が空間中に一挙に拡げられる時でさえ適用される、あの時間のことではないのだから。それは、私のじれったい思い、言い換えれば、任意に伸ばすことも縮めることもできない、私における持続のある一部分と合致する。それは、もはや思考されたものではなく、生きられたものである。それはもはやひとつの関係ではなく、絶対である。このことは、次のこと以外の一体何を意味しよう。すなわち、コップの水、砂糖、それが水に溶けていく過程、といったものはたぶん抽象であり、私の感覚と理解力とが、それらのものを切り取ってくる元の全体は、おそらくひとつの意識のように進展しているのだ。(EC, p. 502)

確かに、この文章には「莫大な教えがある」。「教え」を汲み尽くせば、人はベルクソン哲学の究極点に達するだろう。もちろん、そのことはとても難しいのだが。

ジル・ドゥルーズ（一九二五―一九五年）は、『シネマ1』（一九八三年）の第一章で、有名になり過ぎたこの砂糖水の例は、実は「奇妙」であると言っている。「なぜなら、ベルクソンは、スプーンの運動がこの溶解を速め得ることを、忘れているかのように見えるからである」と（Deleuze, *Cinéma 1*, p. 19）。なるほど、スプーンで水をかきまわせば、待つ時間は縮まる。溶解過程は変化を蒙る。が、待つという時間はなくならない。喉の渇いた私は、やっぱり苛立つだろう。「数学的時間」では、待つことが少ないのではない。初めから、存在していないのである。待つことがないとは、実際の時間がそこにはないことを意味する。この点では、スプーンを持ち出すことは何の反論にもならない。

ドゥルーズは、どう答えているだろう。その言い方は、いつものごとく大変入り組んでいるのだが、簡単に言えばこうである。砂糖が水に溶ける過程は、コップのなかにあるもの全体の変化を、「質的移行」を表現している。私がスプーンでコップのなかをかき混ぜると、変わるのは速さだけではない、スプーンを含んだコップのなかの全体である。溶解過程は、依然としてその全体の変化を表現し続けている、と。

待つことに関してはどうか。ドゥルーズは言っている。砂糖が溶けるのを、どんなふうにして待つにせよ、待つという行為はそれ自体が「心的、精神的な実在としての持続を表現する」と（ibid., p. 19）。表現してどうなるのか。表現するもの（待つこと）が、表現されるもの（持続）の「開かれた全体（le tout ouvert）」のなかに在ることが確認される。つまり、ひとりの人間の持続が、宇宙全体の持続を表現して、それとのつながりを証明する、確かなものにする、というわけだろう。

砂糖水の例に関するドゥルーズの説明には、ひとつ大事な点が抜け落ちているように思える。それは、待つ私が、砂糖が溶けるのを〈視る〉行為である。この知覚の行為が、待つ時間と砂糖の溶解過程とのふたつを、持続する宇宙の「開かれた全体」のなかで結びつける。あるいは、ふたつを相互に浸透させて、宇宙という持続の開かれた全体につなげる。ベルクソンが、この例で最も言いたかったのは、明らかにこの点なのだ。物の変化は、知覚されることで、待たれる時間になる。持続になる。知覚されることは、すでに物が生命に入り込まれることである。

しかし、急いで付け加えなくてはならないが、どこからも、何からも知覚されない純然とした物質界の変化やその諸関係といったようなものは、知性による抽象に過ぎない。したがって、純然とした物体の変化が、知覚されて持続になるのではない。知覚によって物の傾向と生命の傾向とが浸透し合うことは、持続する宇宙のごく普通の在り方だと言える。ただ、この事実は、生活する私たちの目から深く、あまりにも深く隠されている。映画は、そのことを一気に明らかにする機械である。

映画の例を通して、ベルクソンが語ろうとしているのは、ほんとうはそのことではないか。砂糖が水に溶けるのを〈視る〉ことは、映写機によって作られる映画内の運動をまさに〈視る〉ことである。喉の渇いたこの私が、砂糖が水に溶けるところを視る、これによってコップ、水、砂糖（場合によってはスプーン）を含めた変化の全体は、私の生の持続とつながり、私にとっての変化になる。私とコップのなかの砂糖水とは、同じ宇宙の持続のなかで質的に変化するものになる。

映写機は生き物ではない。したがって、その回転運動は、それだけを物理的に抽出するなら持続とは言えない。映画フィルムは、つまり映っているものは、そのような機械から運動を取り込んでいる。けれども、映写されるフィルムは、私によって知覚されるのである。私の生の持続は、いやでもフィルムの運動を自分のなかの変化のリズムにつなぐだろう。でなければ、映画が観られることはないのだ。この時、フィルムの運動は、そのまま映っているものの運動になるほかない。私の持続と、映っているものとの間では、必ず調整がなされることになる。

映画では、調整は相互に行なわれる。映画を観る私と、映画装置それ自身の側とで。砂糖水の場合には、調整は私だけが行なう。映画の例と砂糖水の例とでは、そこに違いがある。けれども、物質の運動と生きた持続との間で絶えず起こっている相互浸透、という点では、ふたつの例はまったく同じ事柄を表わすのだ。『思想と動くもの』「序論」の一節で、ベルクソンが「映画」と「砂糖水」との二例を貫いて指摘したかった事実は、まさにこのことである。

予測可能な数学的時間のなかで、ただ機械的な運動を繰り返すだけの「物質界」というものは、科学の、そして生活者の抽象に過ぎない。けれども、この抽象は、人間の行動にとってはとても有用なものなのだから、何らかの根拠を宇宙のなかに持っていると言っていい。が、純然とした物質の運動を抽出する人間のほうは、予見不能な持続を生きている。彼の抽出作業は、彼自身の持続と運動する物との相互浸透のなかで行なわれるほかない。実在するのは、この相互浸透であり、これを含んで持続する宇宙の全体である。

これは余談になるが、ジル・ドゥルーズの『シネマ』は、ベルクソンの知覚論、記憶論を梃子《てこ》にした映画の哲学であるにもかかわらず、ベルクソン自身の映画観には、大変否定的な意味合いしか認めていない。これはおかしなことだと、私は思っている。ドゥルーズによれば、要するに、ベルクソンは映画に偽《にせ》の運動しか見ることができなかった、動かないスナップ写真を並べて作る持続の模造品しか認めなかった、というわけである。そのベルクソンが、『物質と記憶』のなかでは、まさしく映画の哲学を支える驚異的理論を、それとは知らず予言的に提出していると。果たして、そうなのだろうか。

ここで、ドゥルーズは『創造的進化』第四章のテクストしか取り上げていないのだが、その場所においても、ベルクソンが映画の例によって語っていることは、すでにもう少し複雑なことである。たとえば、ベルクソンは、次のように述べている。少し長くなるのだが、引用しておこう。

スクリーンの上に動くシーンを、たとえば連隊の行進を再現させたいとする。そこでとられる第一のやり方はこうである。たくさんの兵隊を表わす絵姿を切り抜いて、そのそれぞれが行進の運動を刻むようにする。運動は個々人で異なるが、人間種としては共通である。その全体をスクリーンに投射する。このちっぽけなお遊びには、おびただしい労力が要るだろう。しかも得られるのは、かなり凡庸な効果でしかない。こんなことで、生の柔軟や多彩をどうやって再生するというのか。次に、第二のやり方がある。このほうがはるかに楽で、しかもずっと効果があがる。それは、通り過ぎる連隊を一連のスナップ写真に撮り、それらのスナップ写真を、順次素早く交代させるようにしてスクリーン上に投射するやり方である。映画《シネマトグラフ》はそうしている。一枚一枚では、連隊を不動の姿勢で示すたくさんの写真を使って、映画は通り過ぎる連隊の動きを再構成する。確かに、一連の写真だけに関わっていたのでは、いくらそれらをよく眺めたところで、それらが動くところは見えないだろう。不動のものをもってしては、たとえそういうものを際限なく並べたとしても、私たちは決して運動を作り出せないだろう。イマージュが動くためには、どこかに運動がなければならない。実際、ここには、まさしく運動が在る。それは、映写機のなかに在る。一シーンで各俳優がその動きを取り戻すのは、巻かれた映画フィルムが解かれ、そのシーンの幾つもの写真が順々に運ばれて、互いに連続させられるからである。俳優は、巻かれた映画フィルムの見えない運動に乗って、自分の連続する姿勢すべてに糸を通していく。要するに、この手順は、あらゆる人物たちに固有のすべての運動から、非人称的で抽象的で単一な運動、言うなれば運動一般を引き出すことにある。この手順は、運動を映写機のなかに入れ、個々の運動それぞれにある個性を再構成する。この無名の運動と人称的なたくさんの姿勢とを組み合わせることによって、再構成するのである。(EC, pp. 752-753)

ここには、シネマトグラフという装置に対するベルクソンの明快な洞察が、はっきりと窺える。彼は、映画はスナップ写真の並んだものだから運動がないとか、その運動が偽物だというようなことは、少しも言っていない。逆である。映画のなかには、まさしく運動が在る。ただし、その運動は、映写機の回転のなかに在って、「非人称的で抽象的で単一」なもの、「運動一般」とでも呼ぶべきものである。この運動は、物理学が計算し、予測するとおりのものだろう。しかし、この運動を、映画は映し出される像に配分し、組み合わせることで、俳優の個性的な動きを新たに作り直す。この時、持続を得るのはスナップ写真だけではない、物質的な機械の運動もまた、生命的な持続のなかに入り込むのである。人によって待たれている砂糖の溶解過程のように。

『創造的進化』第四章では、映画の例は、運動する個体（たとえば走る犬、落下する石）を、人が知覚のなかでいかに作り出し、定着させるかを説明している。十五年後の『思想と動くもの』「序論」では、宇宙の開かれた持続の全体に、物質の運動がどのようにして含み込まれているかを説明している。映写機の運動と、映画を観る人の生きた持続との間の「調整」による相互浸透の働きが、端的に示されているのである。

日常の知覚で、私がたとえば「走る男」を見る時、私はそこに展開されるすべての動きを知覚しているわけではない。そんなことは、誰にもできはしない。私がすることは、その男の動きが、「走る」という動作を表わすのに適切で典型的な姿勢を、運動の全体から幾つか抜き出し、それらをつないで連続するひとつの一貫した行動にまとめ上げることである。ベルクソンが『創造的進化』で「思考の映画的メカニズム」と呼んだものは、まずはこうした知覚の働きに基づいている。

「走る男」を作り出し、視覚に定着させるのは、視ている私だが、私は男の運動までをも作り出しているわけではない。「走る男」が見せる実際の運動は、男の側に、世界の側に在るのでなくてはならない。有名な「ゼノンの逆説」が消してしまうのはこの運動である。たとえば、飛んでいる矢は、どの瞬間もそれぞれひとつの位置に存在するのだから、矢は飛んでいない、各位置に置かれているだけだ、とゼノンは主張する。こうした種類の詭弁では、運動というものが知覚の外部に現に在ることが、消し取られている。

飛んでいる矢を撮影した映画フィルムは、ゼノンの逆説を証明するものであるかのように見える。そのことに対して、ベルクソンは言うのである。「イマージュが動くためには、どこかに運動がなければならない」と。「それは、映写機のなかに在る」と。この運動は、無機的な機械による。けれども、映画を視る私は、この運動を自分の持続に結びつけ、次いでその持続を映されたいろいろなものに配分し、私自身の身体を、映された世界のなかに入り込ませるのである。その時、矢も、その背後に映る草木も、飛ぶ鳥も、私の心のように持続するものになる。

映写機の機械的な運動もまた、宇宙の開かれた全体のなかに在る。物理学が、その運動をどんなに精密に計算しても、映写機の運動それ自体は、そうした計算の外に在り、それは私の生きた持続と結びつくことができる。なぜなら、実際に運動するこの宇宙は、ただひとつのものだからだ。映画をめぐって、ベルクソンが言いたかったことは、結局のところこの点に尽きる。

砂糖水の例もまた、同じことのために引かれる。コップのなかで起こる砂糖の溶解過程は、それを観察する科学者にとっては、ほとんど数学的な性質のものだろう。喉の渇いた私にとっては、そうではない。私は、砂糖が溶けるのが待ち遠しい。溶解過程で実在する時間は、この科学者と私のどちらのほうに在るか。

計算さえできれば、待たなくてもいい時間は、数字や目盛りのなかにしかない。実在する時間は、必ず私たちの生の行動を拘束する。あり過ぎると、じれたり退屈したりし、なさ過ぎると慌てる。行動は、椅子やドアの実在を否定できないように、時間という障碍の実在を否定できない。当たり前のことである。が、私たちの行動は、それ自体が有用さや効率を絶えず目指すものだから、実在の時間を消し取った上で、行動の予定表を立てる。生活することには、永久にこの二重性がある。一方で時間に出会い、他方ではそれを消す。消して純然とした「物質界」に働きかける。

すでに述べたように、宇宙はただひとつのものだが、そこに〈生命的傾向〉と〈物質的傾向〉とがあること、これは否定しようがない。西洋の近代科学が、実験と数学記号の厳密な駆使によって体系化したのは、後者の傾向だった。科学は、そのままのやり方で少しずつ前者の傾向へ移動しようとしたが、そこには余りに大きな無理、不便があると言おうか。方法と対象とが適合していないのである。

〈生命的傾向〉とは、持続の傾向である。持続とは、予測できないものの絶え間ない出現であり、過去を利用した未来の創造であり、時間はここでこそ、避けられないものとして実在する。古代哲学の空想的な「イデア」から完全に手を切った近代科学は、宇宙から予見不能なものを、まったく正確に取り除いておくことで、〈物質的傾向〉にあるものの諸体系を描き出すことに成功した。それは、極めて見事な成功であり、応用による莫大な成果を近代文明のなかにもたらした。

近代科学の方法は、生命的傾向にあるものを「隅に放っておく」ことで成功する。が、哲学は宇宙の何ものも「隅に放っておく」ことを望まないし、実際放っておくことは不可能だろう。なぜなら、生命的傾向は、持続するただひとつの宇宙の本質だからだ。哲学は、その傾向を正確に扱うのでなかったら、無用の長物になる。その傾向を扱う限り、物質界と持続するものとの間に起こること一切（「砂糖水」や「映画」は、そのささやかにして巨大な事例だが）は、やはり哲学の問題となるしかない。

3　誤った回顧から解放されること

ギリシアの古代哲学は、天上の「イデア」のなかで一切は決められている、と考えた。時間は地上のはかない現象であり、無明《むみょう》の人間が視るイデアの影に過ぎないと。近代科学が時間を無視する仕方は、それとはまったく異なっている。時間は、純然とした「物質界」を抽出するために、ただ隅に放っておかれるだけである。古代哲学（これには、むろん古代科学が含まれる）は、天上の「イデア」によって宇宙の一切を説明しようとした。近代科学は、そこから脱して、純然とした「物質界」の体系化に成功した。

けれども、ベルクソンの考えでは、近代科学には、その誕生の日に双子で生まれてくるべき兄弟が欠けていた。科学と同じだけ正確な方法で、生命的傾向を扱う哲学が欠けていたのである。近代哲学は、その役割を演じていない。この哲学は、高みにあるただひとつの原理から、時間の外に与えられた宇宙のすべてを一挙に説明するという、古代的な野心にいまだに捕えられていて、近代科学と双子の兄弟になることができない。

ドゥルーズは、この点で巧みな言い方をしている。どんな運動であれ、運動の性質はそもそも持続であり、持続はあらゆる瞬間における新しさの創造だと、ベルクソンは考える。「これは、哲学の全面的な転換である。ベルクソンが最後に為そうとしたことは、近代科学に対応する形而上学を近代科学に与えることである。近代科学は半身であり、そのもうひとつの半身が欠けているがゆえに慕わしいような形而上学を、近代科学に与えることなのだ」(Deleuze, *Cinéma 1*, p. 17)。まさに、そのとおりだろう。ベルクソンは近代科学の「正確さ」に匹敵する正確な哲学が、近代科学と並んで建てられるべきだと考えた。

そのような哲学の建設は、確かに彼が「最後に為そうとしたこと」だったが、また出発点にあった明確な動機でもあった。半身が半身を慕うように、彼の内なる近代科学が、それに応じる哲学を求めたのである。この場合、「哲学」という言葉は、「形而上学」に置き換えられたほうが、やはり語義にかなうのかもしれない。「形而上学」とは、物質、物体として形を成さないもの、つまり精神に関する学である。近代科学が、物質に関する徹底して経験的な思考であるのなら、同じ時代の形而上学は、精神に関する徹底して経験的な思考でなくてはならない。近代科学では、経験的であることは、科学の実験、観察、計量が駆使されることを意味する。形而上学ではどうか。経験は、あくまでも自己の「内的生命の領域」について、どこまでも深化される経験でなくてはならないだろう。

この経験は、いつも物と接している。瞑想においてさえ、私は自分の身体やその感覚から離れていることはできない。その身体が接する外界のものの知覚から離れていることもできない。近代科学が、純然とした「物質界」を抽出して法則化するように、形而上学が純粋な精神を抽出して法則化することは、無意味である。なぜなら、そのようなものは、精神について深化された経験には、決して与えられていないからだ。

純然とした「物質界」の法則は、科学の実験が確かめるところと合致する。物質の規則的、数学的な性質は、物質の傾向それ自身のなかにほんとうにある。でなければ、科学の応用から来るいろいろな技術が、実地で役立つはずがない。純粋な精神を抽出して、法則化することは、精神（あるいは生命）の傾向それ自身に背反してしまう。物質の傾向が、法則化可能な「反復」にあるとすれば、精神の傾向は「持続」にある。「持続」とは、新しいものがどの瞬間も、絶えることなく創造される運動を言う。したがって、法則化できないこと、予見不能であることは、持続の本質そのものである。精神について深化された経験は、実際にそのことを摑み取るほかない。

けれども、精神は物質の傾向を好む。その傾向を利用して法則を立て、予測し、有用に行動できることを願うのである。物質に対してだけではない。精神に関わることに対しても、それが物質の傾向をもって予見可能なものであることを、私たちは願っている。願うどころか、そう思い込んでいる。持続は新しいものの絶え間ない創造だが、この創造は「可能性の実現」に過ぎないような、ありきたりの出来事に置き換えられてしまう。

持続が問題である時に、「可能性の実現」とは一体何を意味する言葉なのだろうか。「可能性」は、それが「実現」されるのと同じ瞬間に不断に創造されているものではないのだろうか。

ベルクソンによれば、人が「可能性」という言葉を使う時には、全然異なるふたつのものに同じ言葉を当てはめており、気づかないうちに、それらふたつの用法を入れ替えて語義を弄んでいる。たとえば——

ひとりの音楽家が交響曲を作曲する時、彼の作品は、現実のものになる以前には可能的であったのだろうか。それを実現するにあたって、乗り越えられない障碍はなかった、という意味でなら、そうだろう。しかし、この語のまったく消極的な意味から、人は不用意に積極的な意味へ移るのである。すなわち、充分に情報を得た精神なら、生み出されること一切は、前もって知ることができただろうと。したがって、一切のことは、観念の形でその実現に先立って存在していたと。芸術作品の場合では、この考えは馬鹿げている。音楽家が、彼の作る交響曲について正確で完全な観念を持つのは、その交響曲ができた時なのだから。音楽家の思考のなかにも、またなおさら、人類に似たほかのどんな者の思考のなかにも、たとえその思考が非人格的で、単に潜在的なものであってさえ、交響曲は、現実のものになる以前には、可能的なるものとして宿ってはいなかったのである。だが、意識のある、生きているすべての存在を含んだ宇宙の任意の一状態にも、同じことが言えるのではなかろうか。宇宙は、巨匠の交響曲よりも新しさ、根源的

な予見不能性において豊かなのではなかろうか。(In-1, p. 1263)

ここでも、ベルクソンの言葉には、少しの無理も強弁もないから、彼が言っていることは、当たり前過ぎるように思われかねない。作曲に先立って、曲が存在していなかったということを誰が疑おう。けれども、人には無意識のうちにも、そう考えずにはいられない性向が頑強にある。音楽家は曲を作れたのだから、彼のなかにはそれをする「可能性」が眠っていた。彼は、それを「実現」したのだと。こういうものを、言葉の遊びと言う。彼に作曲が可能だった、その「可能性」とは、たとえば彼が重病ではなかったとか、生計を立てる仕事に忙殺されていなかったとか、そんなことでしかない。これは、「可能性」の「消極的な意味」であり、実はその唯一の意味である。ここから、人は「積極的な意味」のほうへ移る。知性の習性によって、どうしても移ることになる。

ここで「積極的な意味」での「可能性」とは、作曲家の才能とか力量とかのことを指すのだろうか。しかし、才能や力量なるものの意味を、人が誤らずに捉えていることは、ずいぶん稀である。なるほど才能は、曲を実現するだろう。その場合、才能とはまさに実現する時の力を言うので、実現に先立って曲を想い描く能力を言うのではない。そういう能力が、もし誰かにあるのだとしたら、曲はやはりその実現に先立って、その人のなかにあったことになるではないか。これは、創造という事実を否定する考え方である。

創造を否定すれば、どうなるか。時間が消される。時間は、すでに描かれていたが見えなくされていた模様を、順々に繰り広げていく扇のようなものになる。これは、芸術の話だけではもちろんない。この宇宙に実現されるもの一切の話である。ただし、ベルクソンは言っている、その宇宙は「意識のある、生きているすべての存在を含んだ宇宙」であると。意識や生命は、物質的な宇宙空間のあちこちに散らばっているのではない。宇宙の全体に絶え間なく浸透し、物質の傾向と争ったり、融和したりし続けている。

つまり、宇宙には、意識や生命の傾向に侵入されていない部分はどこにもない。純然とした「物質界」は、人間の知性による抽象であり、実際には宇宙のどこにもないのである。でなければ、宇宙には、時間は実在しないことになるだろう。実在の時間は、持続以外にはない。持続は、意識、精神、生命といった傾向のなかだけにあり、物質が時間を持つことができるのは、自分とは反対のこの傾向によってである。こうなってくると、もう少しも当たり前な話ではなくなる。誰もが、驚愕するほかない問題になっていく。たとえば、アインシュタインの宇宙物理学との対立が、極めて鋭く、根本的な形で引き起こされることになるだろう。

しかし、いきなりそこまで行かなくてもいい。私たちの日々の思考が、持続というものをいかに取り逃がすか、無意識に忌避しているか、このことをじっくりと考えてみればいい。たとえば、誰かが歴史のなかで発見し、判断し、言い述べた事柄が、真実だとされる。すると、その真実は、それが発見され、判断され、言い述べられることと関係なしに、ずっとそのままの形で在ったものだとされる。時間と関わりなく在った何かが発見され、開かれる扇の模様のように現われてくる。「発見」という語が、そもそもそういう行為を指すためにある言葉だろう。

けれども、発見や判断は、必ずその日付を持っている。それらはある特定の日に生み出されたものであり、発見され、判断されたいろいろな真実は、その時に初めて引き出され、成立したのである。このことは、物理法則のようなものにおいてさえ言える。天動説や万有引力の法則は、提唱者たちによる判断の日付を持っている。引き出された法則は、引き出された日に初めて法則になった。地球が太陽のまわりを公転することは、そのことが発見された日に事実として現われたと言ってもいい。

宇宙の運動は、変化する無限の運動体と無数の諸関係を持っている。天動説という考えは、それらの運動から引き出され、表わされたひとつの関係に対応する。言い換えれば、天動説は文字どおりひとつの創造としてあった。太陽に対する地球の公転が、ありのままの事実として、あるいは不変の真実として認められるのは、そうした関係が引き出されたあとでしかない。が、人はこのことに容易には気づかない。天文学がかつて創造した事実は、日付のない永久の真実とされる。ここには、錯覚と気づくことの極度に難しい根本的錯覚がある。続けて、「序論」は言う。

この錯覚から来る帰結は、数えきれないほどある。人間と出来事に関する私たちの評価は、真実と判断されたものは遡っても真実だという信仰に、すなわちいったん置かれた真実は、時間のなかを自動的に遡行するという信仰に、まるごと浸されている。現実は、それが成就されるという一事をもって、その影を自分の後ろに、無限に遠くにまで投影させる。こうして現実は、可能的なもの、という形のもとで、それ固有の実現に先立って在ったように見えるのである。そこから、過去について、私たちの考えを害する誤りがやって来る。どんな場合にも未来を先取りできるという主張が起こってくる。

(In-1, p. 1264)

こうした錯覚は、歴史事実に関する判断や解釈の場合には、比較的容易に気づくことができる。ベルクソンは、たとえば文学上の「ロマン主義」について述べている。「ロマン主義」は、これが判断され、名づけられた日に初めて出現したものだが、名づけられてみれば、「ロマン主義」のなかのいろいろな側面は、いわゆる古典派作家のなかにもすでにあったように思われてくる。そこで、研究者によっていろいろな先駆者探しが行なわれ、時代環境の比較や、影響関係の細部などが論証される。みな、生物標本をピンセットでつまみ出すような仕事である。ここで失われているものも、時間であり、持続であり、創造である。古典主義のなかのロマンティックな諸側面は、ロマン主義が判断され、それが過去に投影される時に初めて存在するようになる。つまり、それは現在の影にすぎない。ルソー、シャトーブリアン、ヴィニー、ヴィクトル・ユゴーのような人々がいなければ、「ロマン主義」の出現は判断されなかった。その判断は、つまり「ロマン主義」という命名は、そこに起こっている出来事の一定の関係に、確かに何らかの対応をなしている。その意味で、「ロマン主義」の名で括られるような事態の出現はあったと言ってもいい。だからといって、そこで判断されたロマン主義的な諸特徴が、過去に遡っても見つけ出されると考えることは、根本的な錯覚なのである。

誤解のないように言っておくが、ベルクソンは、「ロマン主義」は歴史や社会環境の産物だから、歴史を超えた視点からその諸特徴を考えてはならない、と言っているのではない。むしろ逆だろう。出来事の出現を、歴史的背景や社会環境のなかに並べ直して説明するという、呑気で思い上がった相対主義は、ベルクソンの敵である。彼は、単に歴史は「時間」を持ち、「持続」する、と言っているのだ。持続する以上、そこにはいつも絶対的に新しいものの創造が起こってくるほかない。歴史を持続のうちに完全に見通す能力は、人間にはもともとない。あるかのように振る舞うことは、いつも愚かである。

たいていの場合、人はこの避けられない創造を嫌う。生活は、物の傾向に沿って、できるだけ惰性的であってもらいたいから。それに、物を配置するように過去の出来事を回顧し、そういう回顧から現在を説明することは、場面によっては有用でもあり得るから。が、私たちが生きているこの持続の現在を、すっかり説明し尽くす手段などはない。創造されていく現在には、知性にとって常に何か畏れるべきものがある。そのことを受け容れないなら、実在の時間には消えてもらうほかないだろう。

「序論」は「デモクラシー」の例も挙げているが、同じことである。デモクラシーの発達史、というようなものを私たちは考えたがり、どの時代にも、どの地域にもデモクラティックな趨勢や前兆があったかのように言う。それらが、二十世紀のデモクラシー社会を開花させたのだと。しかし、そういう趨勢や前兆は、デモクラシー社会なるものがはっきりと意識されたあとにしか視えはしないし、ほんとうは過去のどの時代にも決して存在していなかったのである。

そう考えれば、「ロマン主義」も「デモクラシー」も、創造された新しい事態を表わす言葉ではまったくないことがわかる。現にあったのは不断の創造であり、全体の絶対的に新たな変化であり、物質と精神との二傾向を貫く持続である。言葉は、そこに生き続ける変化のなかに「ロマン主義」だの「デモクラシー」だのという固定的な絵札を並べる。そうやって時間が消される。言葉というものは、持続に対してはそんな働きをするのが普通である。

しかし、私たちの暮らし向きの都合や、科学の計算や、言葉の使用目的が何であれ、私たちは砂糖が水に溶けるのを、じれったく待たなくてはならない。誰も、時間の実在から逃れる手立てはない。物質の運動は、精神の持続といつもはっきりと関わる。月が出るのも、陽が沈むのも、人が待ち、生き物が待つからこそ、宇宙全体の持続のなかに含み込まれる。待つのは、人間や生物と呼ばれるものだけだろうか。そうではあるまい。人間や生物を個体化する生命的傾向の巨大な力、それが物質の変化をいつも待ち、それと持続を分かち合うのである。砂糖水の例で、ベルクソンはそのことを語っていたのだが、今日でも、よく理解されているとは言い難い。

第Ⅳ章　直観が〈正確〉であること

1　思考を誂える

『思想と動くもの』の「序論」が、「哲学に最も欠けているもの、それは正確さである」という一文から始まっていることは、すでに書いた。ベルクソンは近代の物質科学が持つ「正確さ」を疑いのないものとして受け容れる。少なくとも、物質科学は、探究の「正確さ」を基準として自分を修正できるし、その成果を万人と共有もできる。共有して、私たちの日常生活を便利にしたり、快適にしたり、安全にしたりすることができる。

こんな具合に、科学の「正確さ」は、それが日常生活にもたらす成果によって判定することができるのだが、これを言い換えれば、この種の「正確さ」は、そのような成果によってしか保証されていないということである。成果を成果とするのは、私たち人間の暮らし向きの都合にほかならない。

科学は、純然とした物質を扱う場合ほど正確になる。物質は、その構成要素に分解できるし、物質の変化はそうした要素の組み換えによって表わすことができる。要素そのものは、並べられる絵札のように不変のままなのである。その性質を根本から変えることがない。このように固定された絵札の並び方が、あの状態からこの状態へと変化することになる。こうした変化は、その先を予測できる。そこに新しい性質は、何ひとつ生まれてくることがないからである。

科学が扱う純然とした物質には、確かにこのような側面がある。というよりも、科学が扱う物質とは、科学の思考が抽出し、固定し、数や量の関係に置き換えた宇宙の一側面のことだろう。この側面は、あるいはむしろ傾向は、実在する。けれども、純然たる物質それ自体というものは、実在しない。そういうものは、抽象に過ぎない。このことは、ベルクソンがほとんど生涯をかけて丁寧に説明したことだが、それでもなお理解している人は少ないと言わなくてはならない。なぜか。このことを理解するには、理屈だけでは始末のつかない何かが決定的に働かなくてはならない。そのための努力を、人はなかなかしないものだからである。

物質には、惰性的に自分を繰り返す傾向がある。その傾向によって、物質は記憶を用いることも、形成することもしない。記憶は、生命の傾向を表わす特性にほかならず、これあるがゆえに、生き物は危険を避け、有益さを選び、成長や行動に結びつくことができる。物質的傾向にあるものは、その性質を変えることなく、際限ない諸要素に分割することができ、またそのままで、それらの諸要素を再構成することができる。そういうことは、みな物質科学がする。

生命の傾向となれば、そうはいかない。この傾向にあるものは、みずからの性質を変えることなしには、決して分岐することはない。分裂する細胞は、分裂によって根本からみずからを新しくしていくほかない。樹木の生長は、何かの量的な付加によってなされるのではなく、その樹木全体の質の変化によってなされる。心の刻々の変化なら、なおさらのことである。変わるのは、部分を持たない心の全体であり、記憶の全体なのだ。

こうした変化を対象とした時、分割と再構成を基本とする物質科学の方法は、決して「正確」なものにはなり得ない。むしろ、それを阻害し、破壊するものになる。わかりきったことではないか。けれども、科学の方法に対する人間の信頼や依存は、このわかりきったことから常に私たちの目を逸らさせる。それは、私たちの日常の思考が、そもそも物質科学的な性向に頑強に従うことによる。賢しげに振る舞う私たちの知性は、物質科学を盾に取った俗な論法に、いつもコロリと参るのである。

ベルクソンは、その出発点において、まず自分が闘わなくてはならなかったふたつの代表的な敵を挙げている。そのひとつは心理学の連合主義であり、もうひとつは認識哲学の「カント主義」だった。ふたつが同じ根を持つものであることは、すぐにわかる。

連合主義は、心の変化を合理的に説明するのに、心理状態の入れ替わりを持ち出す。この状態があの状態に移った、そこに変化がある、というわけである。状態そのものには何の変化もなく、ただ別の状態が一定の法則によって心の前面を占める。心理の全体は、こうした諸状態の複合として考えられている。言うまでもなく、これは物理学が純然とした物質の構成を説明する時の発想である。

このような考え方は、物質に対して有用に働きかける人間にとっては、ほとんど不可欠なものだが、生き物に対しては、いろいろと不都合なことが起こる。特に、人との現実の付き合いではそうだろう。私たちは、そのことを経験的に知っているから、私たちの内なる日常の連合主義は、それよりずっと薄められて、柔軟に使用されている。心理学者となれば、そうはいかない。彼は、理を通すことによって、学問の「正確さ」を期さなくてはならない。そのことこそが、まさに心理学に不正確さを生じさせる原因なのに。

カントは、人間の思考能力が、人間のために準備された「時間」と「空間」という「感性の形式」に従ってしか働かないことを緻密に論証する。この形式は、人間の思考に生得のものであり、人間のものでしかない。したがって、この形式の外に実在するはずの「物自体」に到達するには、人の思考能力を超えた「直観」にでも訴えるほかない。そして、このような「直観」の能力は、人間のなかには決して存在しないだろう。「物自体」の認識は、原理として不可能であるだろう。人間の思考能力は、「物自体」に対してあくまでも相対的であるにとどまる。これが、カントの『純粋理性批判』（一七八一年）が行き着いた結論だった。

何という奇妙な謙遜かと、ベルクソンは考える。私たちが物を知る上で土台にしている「時間」や「空間」が、私たち側の勝手で作られていること、それが私たちの行動と結びついた知性の産物であることは、ベルクソンも繰り返し語る。このことの論証において、かつてカントほど精密であった人はいないとさえベルクソンは考えている。しかし、この論証から引き出されてくる結論は、人は「物自体」の、つまり実在の認識には永遠に達しない、という驚くばかりの謙遜だ。

もちろん、カントは別にへりくだっているわけではなかろう。人がものを認識する能力の限界について、ただ厳密であろうとしているだけだろう。彼は、「物自体」が存在しないなどとは少しも考えていなかった。そんな考えは、誰から見ても馬鹿げている。人は「物自体」が在ることを、いつも充分に知っている。知らされるほかない。人は石に蹴躓《けつまず》いたり、部屋の鴨居に頭をぶつけたりする。これが「物自体」についての端的な経験というものだ。経験はするが、認識はできない、これがカントの結論になる。ずいぶん突飛な結論ではないか。

ベルクソンにとっては、経験と認識とは、同じものである。実在は、経験のなかにしか与えられていない。だから、「物自体」の認識は、「物自体」についての浅くも深くもなる経験のなかにだけ与えられることになる。経験には、無数の深さの度合がある。たとえば、極度に浅い経験は、身体のほとんど反射的な行動のなかで成り立っている。深い経験は、「物自体」のなかに深く入り込んでいかなくては成し遂げられない行動のなかで成り立っている。たとえば、農夫が米や野菜を慎重に、愛情に満ちて育て上げる行動はそんなものだろう。これこのような時、農夫が米や野菜はそうした行動の無私な性質に応じて、その分だけ「物自体」となって農夫の経験に与えられる。

近代の物質科学は、実験科学であることを標榜しているが、ここでの実験は、科学による観察や測定の方法によってあらかじめ定められている。実験は、それ以上浅くも深くもならず、科学的認識の枠組みのなかにとどまってしまう。そうやって限定づけられた実験は、物質の惰性的で反復的な側面にだけ目を据え、その側面のうちに物のすべてを完結させてしまう。このような認識が、「物自体」に対して「相対的」であるのは、言うまでもないことだ。「物自体」が直接に与えられる経験は、「物自体」の性質に従うことによって、それが変化する方向に寄り添うことによってしか成り立たない。動くものには動くもののように、生きたものには生きたもののように付き合う。これが、生活する者にとっての、当たり前の意味での「経験」である。この経験は、行動上の必要によって、浅くも深くもなる。惰性的にも創造的にもなる。科学的にも神秘的にもなる。

科学が宇宙のなかの物質的傾向を引き出し、計量、予測するものだとしたら、それに応じる経験、つまり科学実験は、「物自体」の極めて浅い次元で限定され、定式化される必要がある。哲学の場合は、それと反対になるしかない。哲学は宇宙の内の何ものも排除しない。純然たる物質、というような抽象観念は、ここでは不必要なだけでなく、躓きの元でさえあるだろう。宇宙は、そのすみずみまで、物質的傾向と生命的傾向とのふたつの流れによって満たされている。哲学が対象とするのは、これらふたつの流れとその交わり、交わりから生じ続ける具体的運動である。

が、こうしたことを口先で唱えるのは、実にたやすい。難しいのは、そのような対象にどこまでも即し、寄り添っていく思考の方法を自分の内に得ること、得てそれを血肉化することである。言い換えると、哲学の思考は、いつもその対象の性質に応じて誂《あつら》えられるものでなければ死んでしまう。そのような思考のオーダーメイド以外に、哲学が「正確」になり得る路はないのである。『思想と動くもの』「序論」の「第一部」を閉じるにあたって、ベルクソンは次のように書いている。

しかし、私はこの文章の始めで、何よりもまず正確さを心がけると言ったのだから、正確さというものは、私の目にはほかのどんな方法によっても得られないように思えた、ということを指摘してこの文章を閉じよう。なぜなら、不正確とは、普通には、ひとつの事物を余りにも茫漠とした範疇に含めるところから来るのであり、しかも、事物や範疇は既存の言葉に対応したものだからである。もしも、出来合いの概念を退け、実在するものへの直接のヴィジョンを摑み取り、さらに、その実在をそれが持つ関節に従って分割するとしたらどうか。自分を表現するのに形成するべき新たな諸概念は、今度は対象の正確な寸法に沿って裁断されることだろう。不正確は、それらの諸概念を、それらが漠然と抱え込んでいるほかの諸対象に拡大適用した時にこそ生じてくる。が、そうした諸対象を改めて知ろうと思ったら、それらはそれら自身において、そういった諸概念の外で、探究されなくてはならないだろう。(In-1, p. 1270)

つまり、哲学の「正確さ」は、対象の寸法にぴったりと合う概念の洋服を作り出せるかどうかにかかっている。これ以外に、哲学が正確であるための方法はない。すでに述べたように、方法のこのような在り方は、近代科学の場合と少しも変わりがない。哲学は、概念と対象との間のこの関係を科学から学ばなくてはならない。それを学んだ時にこそ、哲学と科学との違いは、明瞭になってくる。ふたつの違いは、それぞれが扱う対象の性質の違いにあり、そこにしかないと知るべきである。

しかし、科学と哲学とがそれぞれに持つ対象の性質の違いは、当然ながらそれぞれの方法に実質上の区別を要求する。科学が本来扱うものは、宇宙から抽出された「物質」だと言える。その性質は記憶のない反復であり、惰性であり、無限な分割の可能性であり、そこから来る完全な予測の可能性である。哲学は「内的生命の流動」を、「心」、「精神」、「思考」に類するものを扱う。その性質は、分割不可能な持続であり、やむことのない新しさの生成であり、宇宙の自己創造である。

しかし、この文章で「哲学」とか「形而上学」とかと呼ばれているものは、ベルクソンにとっては、ほかの名で呼ばれても一向に差し支えのないものだっただろう。たとえば、「生命の科学」と呼ばれてもいい。誤解されることにかけては、どれもみな同じようなものではないか。重要なことは、対象の性質をあくまでも正確に見極めること、その対象の実在の関節に沿って、ぴったりと誂えられる諸概念の服を縫い上げていくことである。「哲学」や「形而上学」という語の意味は、このようにするならば変わる。

2　「直観」という努力

『思想と動くもの』の長大な「序論」が、ベルクソンの精神的自伝であると同時に、彼の愛読者に向けられた遺書でもあることは、すでに書いた。「序論」は二部から成り、「第二部」は「第一部」の三倍の長さを持っている。「第一部」には、著者が若い日に突き当たった「方法」が書かれており、「第二部」には、その「対象」が彼に強制した思考の「対象」の性質が書かれている。彼が強いられた経験と彼の思想との間には、寸分の隙間もなかった。だから、この自伝には、著者が任意に取り上げたものは、何ひとつない。著者の任意な想念や思い出で書かれているものは、自伝とは言えない。そういうものは、結局のところみな自慢話であり、自伝として書かれる必然性も価値も持っていないのである。

そういうわけで、「第二部」の冒頭で、著者がやむなく持ち出す言葉は、「直観」である。それは、文字どおり強制されたものであった。ベルクソンは、まずこう言っている。

持続についてのこれらの考察は、私には決定的なものと見えた。これらは、だんだんと私に直観を哲学の方法に昇格させるよう仕向けた。もっとも、「直観」という言葉の前で、私はずいぶん長い間ためらった。それでも、認識のひとつの仕方を示すすべての用語のなかで、これが最も適したものだったのである。が、これが混乱の元となること

> は、確かだった。というのは、シェリングやショーペンハウエルやその他の人々が、すでに直観に訴えたことがあったからだ。彼らは、多かれ少なかれ、直観を知性に対立させていたし、私が同じ方法を適用していると思われても仕方なかった。これでは、まるで彼らの直観が、永遠なものの直接の探究ではないかのようではないか！　反対に、私の問題が、まずもって真の持続を見出し直すことではないかのようではないか。精神の根底に達するのに、概念的な思考が無力であると感じてきた哲学者は多い。したがって、知性を超える直観の能力について語った者たちも多いのである。しかし、彼らは、知性が時間のなかで働くと信じ込み、そこから、知性を超えるとは時間の外に出ることだと結論づけたのだった。彼らは、知性化された時間が空間であることを見なかった。知性は持続の亡霊に働きかけるのであって、持続そのものには働きかけないことを見なかった。時間の排除は、私たちの悟性による習慣的で通常の、ありふれた行為であることを見なかった。私たちが精神を認識する上での相対性は、まさにそこから来ているのであり、またそれゆえに、知的思考からヴィジョンへと、相対から絶対へと移るには、時間の外へ出るには及ばないのだ（もうすでに出ているのだから）。それどころか、必要なことは、持続のなかに身を置き直し、実在《レアリテ》をその本質である運動性《モビリテ》のなかで捉え直すことである。(In-2, pp. 1271-1272)

「直観」という言葉は、多くの哲学者においては、絶対への瞬間的な飛躍を意味している。

そしてこの飛躍は、時間を超えて、その外でなされる。カントは、人間にそういう能力があることを否定した。直観派の哲学者たちは、そういう能力が人間にあると言い、それによって「時間」や「空間」の外に出ることこそ、哲学者の本分だとしている。「直観」を、そのような意味に解して、それがあるとか、ないとかと言って議論している限り、ベルクソンはあっさりとカントの側に立つだろう。

カントは、人が時間と呼んでいるものが、いかに思考のための便宜的形式でしかないかということを徹底して明らかにしてしまった。空間もまたそうである。時間と空間とは、思考が対象を置く時に設定する背景もしくは環境であり、このような環境の形式は、私たちの知覚や感性の形式としっかり結び合っている。私たちに対象が与えられるのは、このような形式を通してでしかない。が、「物自体」は、このような形式の外に在る。

ここまでのカントの主張は、ベルクソンが彼自身の思考の経路を通して考えたこととほぼ一致していると言ってもいい。その一致点をベルクソン流に言うとすれば、人はその経験を離れては、何事も知ることができないということだろう。経験の彼方、時間や空間の彼方で何らかのものが直観されるということはない。それは、人間の思考能力をよく吟味してみれば、誰にもわかる。

だから、ベルクソンが方法として述べる「直観」は、哲学用語の歴史のなかにその前例を持っていない。カントは、時間の外にある「直観」を否定した。当たり前なことだと言っていい。ただし、カントの言う「時間」は、実在の時間ではない。単なる思考の制度であり、知覚のための人為的な枠組みにすぎない。ベルクソンの言う「直観」は、そのような制度、枠組みとは反対方向に働く。それは、時間の外に出るどころではない、まさに時間の内に復帰するのだ。

カントの「時間」こそが、実在する時間の外にしかないものである。カントの「時間」には、砂糖が水に溶けるのを待つ時間がない、つまり、持続というものがない。質の変化も、進展も、創造もない。ただ、空っぽの器のようになった、空虚な環境があるだけである。してみれば、ベルクソンの「直観」とは、ただ時間の内に復帰して物事を考え直す精神の努力にほかならないことがわかるだろう。哲学の方法はそこにある。それは、継続される努力であり、天上への瞬間的なインスピレーションとは何の関係もない。

ベルクソンの唱えた「直観」は、いわゆる直観派からも、非直観派からも非常な誤解を受けた。それは、彼が心配したとおりの成り行きだった。ではなぜ、こういう次第となったのか。簡単に言えば、彼の方法が要求するような精神の努力を、人は嫌うからである。抜き難い思考の習性が、生活への配慮が、生きることへの注意が、それを嫌う。

しかし、実在の時間、すなわち持続に復帰することは、何か神秘的なものに訴えることではない。反対である。直観とは、生活が好んで見る夢を破って、実在の直接のヴィジョンを得ることである。それは困難なことだが、不可思議なことでも、神さまの助力を必要とすることでもない。そもそも、人にはこのようなヴィジョンが、混雑した形ではあるがすでに在る。こうしたものがなくては、人はまず生きることができないし、生活や行動に適した知覚像は、むしろ、こうしたヴィジョンの極度の制限、縮小、平均化から成り立っているのである。

ベルクソンが、カントから決定的に別れるのは、ここだろう。人が生活するために必要な「時間」と「空間」は、カントにとっては先験的な思考の形式として、あらゆる人にあらかじめ与えられていた。この先験的形式の外には、人の思惟は一歩も出られない、とカントは考える。ベルクソンにとっては、そのような形式は先験的なものなどでは少しもない、言ってみれば人間種に課された生存上の条件なのである。

哲学は、この生存上の条件を、思考の形式を踏み破ることができる。どのようにしてか。制限、縮小、平均化された私たちのヴィジョンを、あるがままのヴィジョンへと拡大し、内側から押し戻すことによってである。観えないものを観るのではない、もともと観えているものを、さらにはっきり観ようとするだけでいい。もともと経験されている実在の時間を、もっとはっきりと経験し直すだけでいい。ベルクソンの言う「直観」は、哲学の方法であるより前に、この努力である。また、哲学の方法は、徹頭徹尾この努力であるよりほかはない。

科学の方法は、その対象を惰性的なもの、性質を変えずに分割されるもの、機械的に反復されるもの、事前の計算に適合するものに限定しなくては「正確」を期すことができない。要するに、科学は物質的傾向を対象にする。反対に、哲学が対象とするのは、生命的傾向に浸されたものである。が、話はそれだけでは済まないだろう。純然たる物質は、科学の抽象によって引き出されるが、純然たる生命、純粋な精神そのものは、抽象とは言えない。それは、それ自体において実在するのでなくてはならない。なぜなら、宇宙が時間を持ち、持続するものであるためには、生命それ自体の実在は、不可欠であるからだ。純粋に生命的なものが実在しないなら、この宇宙には持続も、実在する時間もない。つまり、宇宙は存在していない。言い換えれば、生命的なものは、宇宙の全体を満たすその本質なのである。したがって、哲学が対象とするものが、まさに生命的なものなのだとしたら、哲学は、生命的傾向に浸された宇宙の全体から、何ひとつ捨て去るようなことはしないだろう。けれども、哲学の仕事は、抽象的な一般概念の風呂敷で宇宙のすべてを包んでひとつの体系とするような、空疎な言葉の羅列であってはならない。

続けて、ベルクソンは言う。

永遠のなかに、ひと跳びで身を移すと主張するような直観は、知的なものであるにとどまっている。その種の直観は、知性が供給する諸概念に代えて、単にただひとつの概念を持ち出す。その概念は諸概念の一切をひとつに要約し、したがって同じものに括り上げてしまう。その概念は、実体、自我、理念、意志、その他どんな名前で呼ばれてもいい。こんなふうに解された哲学は、必ず汎神論的なものになる。それは、あらゆるものを苦もなく演繹的に説明するだろう。というのも、そういう哲学は、諸概念の概念であるような一原理のなかで、現実的なものも可能的なものも、何でも一切を、あらかじめ自分に与えてしまっているからである。しかし、こうした説明は、漠然とした仮説的なものになるだろう。このような統一《ユニテ》は人工的なものになり、このような哲学は、私たちの世界とはまったく異なるもうひとつの世界にも、同じくらいうまく適用されることだろう。実在するものの波動に従っていく、真に直観的な形而上学のほうが、どれくらい教えに富んでいることだろうか！　その哲学は、もはや事物のすべてを一挙に抱え込もうなどとはしないだろう。が、事物の各々に、まさにひたすら、ただそれだけに当てはまるような説明を与えようとするだろう。その哲学は、世界の体系的統一を定義したり、叙述したりすることから始めはしない。世界が実際にひとつであるかどうか、誰が知っていよう。それを言うことができるものは、経験しかない。統一というものが、実際にあるとしよう、それは探究の果てにひとつの帰結として現われるものだろう。それを原理として出発点に置くことなどはできないのだ。しかも、そこに現われるのは、豊かで充実した統一、連続性から来る統一、私たちの実在世界から来る統一であって、抽象的で空疎な統一、極度の一般化に由来する統一ではない。その手の統一は、可能的などんな世界にもよく当てはまる。だからまさしく、哲学は、新たな問題ひとつひとつに対して、新たな努力を要求するものになるだろう。どんな解決も、そこからほかの解決を幾何学的に導き出したりはしないだろう。どんな重要な真理も、すでに獲得済みの真理を引き延ばすことによっては獲得されないだろう。一原理のなかに普遍学を潜在的に保持するようなことは、断念されなくてはならないのである。(In-2, p. 1272)

ここでもまた、ベルクソン哲学の最大のモチーフが繰り返されている。彼は、彼自身が哲学する動機を、どんなに語り直しても、語りきれない。その動機は、そもそも哲学への嫌悪に発していると言ってもいい。「実体、自我、理念、意志」、そういうお好みの一語で世界の原理なるものを唱え、そこから世界の体系的成り立ちを一挙に、ことごとく説明する、というような空疎な大哲学は、一体何から来るものだろうか。そんな説明は、何の役にも立たない。暮らしの役には立たないだけでなく、生活する人の心を活気づかせることも、鼓舞することもできない。それは、そうした大哲学が、単に生活から遊離しているからではない、在るものに触れる喜びをはじめから放棄しているためだ。

けれども、生活すること、生きることが、そういう喜びと無関係に進められ、ただ有用に生き、効率的に行動することで終わるものだとしたら、人は退屈と無気力と不機嫌の嵐に呑み込まれ、衰弱死させられてしまうだろう。実際には、私たちの暮らしのなかには、在るものに直接に触れる喜びが、少しずつ、至るところから入り込んでくる。それは、一杯の茶の味であっても、季節の変化が送り込む微風であってもいい。私たちの持続は、そこを流れている。

哲学することは、在るものに触れる喜びを、いつもはっきりとわがものにする努力を続けることである。厳めしそうな哲学の大仰な理屈に、人を脅かして平伏させる以外、いったい何の目的があるだろう。

3　直観の対象

私たちの生は、二重になっている。私たちは、一方で生きるために行動し、計算し、物質に働きかける。が、もう一方では、宇宙という持続のなかで、その一部分になって持続している。知性は前者の側面で働くが、私たちの直観は、後者の側面で、前者よりもずっと控えめに、受け身に働いている。哲学の方法は、この直観を根本能力とする以外に正確に立てられることはないだろう。

　「知的なものであるにとどまっている」哲学は、時間を一種の空間に、空間を物が入る空虚な環境に仕立てることからすべてを始める。この設定は、私たちの日常生活のやり方と変わりがない。それは、精神の本質的な努力を必要としない。ほんとうの障害物を越えていく苦労をしなくていい。したがって、それを越えるところからのみやって来るような精神の喜びもないのである。

　哲学は、知性が設定する「時間」と「空間」とを、何よりもまず拒絶するところから始めなくてはならないだろう。それは、まさにカントが言ったことである。が、カントはそれと同時に、そうした「時間」と「空間」との外に出る「形而上学的直観」の不可能を、早々に宣言してしまったのである。

ベルクソンの「直観」は、時間の外に出るどころではない、それは実在の時間に、持続のただなかに復帰する。そのことを可能にさせるものは、「直観」と呼ぶしかない能力であることを、彼は繰り返し確かめざるを得なかった。

だから、私が語る直観は、何よりも内的持続に向けられるのである。それは、並置ならざる連続を捉える。内側からの成長を捉える。未来を侵食する現在への絶え間ない過去の伸長を捉える。それは、精神による精神の直接のヴィジョンである。介在するものは、もはや何もない。一方では空間が、他方では言語がプリズムになって作る屈折はいっさいない。ここにあるのは、語に語を積み重ねて表わされる諸状態に継ぐ諸状態の隣接ではなく、内的流動の分割不可能な、したがって実体的な連続である。(In-2, pp. 1272-1273)

そういうわけで、「直観」の対象は「持続」である。持続は具体的な性質の連続変化であり、このような連続は、生命的なものが在るところには必ず在る。何かが連続する、というのではなく、質の連続変化そのものであるような実在が、空虚な空間を必要としない質的運動の充満が在る。

そうした変化や運動のなかに入っていけるものは、まず直観しかない。この直観は、具体的な持続の内部に入っていくものだから、高所から一挙に世界を見渡すというようなことは、思いも寄らない。が、哲学がしばしば「直観」と呼んできたものは、そうした空想的能力のことである。それは、時間の外、経験の外で働くとされる。これこそ、ベルクソンが最も嫌悪した考え方であり、生半可な知性の驕りきった態度だった。

けれども、よくよく思い返してみれば、私たちが高所から偉そうな理屈を言う時、どんなにやすやすとこうした思考の習性にはまり込んでいるか。はまり込みながら、そのことに気づかない。気づかずに、ベルクソンの「直観」は、神秘主義的だなどと戯言《たわごと》を言うのである。

持続の在るところには、必ず直観は現に働いている。生についての意識を持たない生はない。直観とは、何よりもまず、生についての生自身の意識である。自分が連続し、絶え間なく新しくなり、その性質がメロディの変化のように変わっていくことへの直接の意識である。こういう「直観」は、「持続」から切り離せない実在であって、何らかの立場から主張されるべき観念では少しもない。

「直観」の対象は「持続」だが、「持続」はそれ自身のうちに、すでに自己への「直観」を含んでいるものだ。だからこそ、「直観」は、宇宙という「持続」の総体のうちに在る者たちによって、相互に、さまざまな度合で共有されることができる。「直観」のさまざまな共有ほど、私たちにとって当たり前なことはない。たとえば、人が人と気が合う、気心が知れるとは、そうしたことである。こうした共感は、場合によっては、どこまでも深くに行く。ある人間についての名状し難い絶対的理解というところにまで行くだろう。このことも、私たちは日常の経験によって知っている。知性だけをあてにした抽象的な認識哲学では、こうした経験は錯覚でしかなくなるが。
すでに述べたように、私たちの身体は、物質的傾向と生命的傾向の交点に現われる。前者の傾向に従って、私たちそれぞれの身体は物として空間的に、明確に分離されるが、後者の傾向に従えば、分離は少しも明確でなくなる。他人と自分との区別は、いつも揺れ動く質の差異のようなものとして生み出され続ける。だが、それだけだろうか。直観の働きは、自分の意識と他人の意識との、相互の浸透現象まで終わるのだろうか。まったくそうではない。ベルクソンは言う。

反省以前のいろいろな共感や反発は、実にしばしば的を射たものだが、これらは人間の意識が相互浸透し合えるものであることを証している。したがって、心理的な内部浸透の現象があることになるだろう。直観は、私たちを意識一般のなかへと導いていく。――しかし、私たちが共感するのは、さまざまな意識とだけだろうか。あらゆる生き物が、生まれ、育ち、死ぬものだとしたら、また、生命がひとつの進化であり、持続こそがここでの実在なのだとしたら、やはりここには生命的なものへの直観が、したがって、生き物の科学を伸ばしていく生命の形而上学が、あることにならないだろうか。確かに、科学は私たちにだんだんと有機物質の物理‐化学をもたらすだろう。しかし、有機化の深い原因はどこにあるか。私たちは、その原因が、純然たる機械論の枠組みにも、字義どおりの目的論の枠組みにも入らないことを、よく知っている。その原因が、純粋な統一《ユニテ》でもなく、明確な多数性でもないことをよく知っている。要するに、私たちの悟性は、いつもその原因を単なる否定によって性格づけるだろう。ということは、私たちのなかにある生の跳躍を意識によって捉え直さなければ、有機化のこの深い原因には達しないということではないのか。――さらに遠くにまで行ってみよう。有機化の彼方では、有機化されていない物質は、私たちには明らかに諸体系のなかに分解可能なものに映る。時間は、そのような諸体系の上を浸透することなく滑っていき、それらの諸体系は科学の対象に属して、悟性がそれに適用される。しかし、物質的宇宙は、その全体においては、私たちの意識を待たせるものである。その宇宙は、それ自身が待つものである。宇宙は持続するか、私たちの持続と連帯しているかのどちらかだ。宇宙はその諸起源を通してか、その機能を通してか、精神に結びついている。どちらにせよ、宇宙は、それが含む一切の変化、一切の実在的運動によって、直観の対象に属するのである。(In-2, pp. 1273-1274)

ベルクソンの言う「直観」の対象は「持続」である。が、その持続は、私たちの心理的持続から、宇宙全体が含む「実在的運動」の一切にまで及ぶほかない。彼は、形而上学者お得意の大風呂敷を拡げているのではまったくない。むしろ、彼がここで指摘していることは、極めて慎ましい事実である。

心理的な意識の持続は、ほかの意識の持続と結びつき、これらの持続の全体は科学が扱う物質的宇宙と結びついている。物質は、たとえば水に溶ける砂糖は、意識を待たせ、待たせることによって、持続するものの範疇に浸透していく。宇宙はこのようにしてしか持続せず、このようにしてのみ実在的な時間を持つだろう。宇宙は、言わばそれ自身の時間が経つのを待っている。物質はそのなかに在り、私たちを待たせ、私たちの持続に結びついている。

したがって、哲学が用いる「直観」の対象は、〈私の意識〉から次第にその同心円を拡げ、宇宙の全体にまで達することになる。この拡張には、必ず諸科学の照明がさまざまな同心円の範囲内で得られるだろう。なぜなら、直観は、同心円のどの地点で停止しても、宇宙の全体のなかにあり、そこには科学が対象とする物質的傾向が、常に何らかの水準で在るからだ。

直観の対象が、意識の持続にとどまるとしよう。その時には、哲学は心理学の探究から照明を受ける。その意識が身体との密接な関係で扱われ、記憶と脳物質との関係で扱われるなら、哲学は生理学、とりわけ大脳生理学からの照明をはっきりと受けるようになるだろう。さらに、意識と身体とのその関係が、生物進化という生の連続変化のなかで扱われるなら、哲学は生物学からの照明を受けるほかない。最後に、生物進化の最終地点にある人間が、人間種としていかに自己を創造し続けるかが問題になるなら、哲学の対象は、人類学や社会学などの照明を受けることになる。

心理学、生理学、生物学の領域へと拡張されていく直観の対象の諸水準を、ベルクソンは拡張の都度、ひとりの学生に返って引き受けざるを得なかった。哲学者にはそういう覚悟が要ると、彼は言う。哲学とは、そのような拡張を忍耐強く生き通す直観の努力そのものなのである。同心円的に拡張されるものは、哲学の対象であるというよりは、直観という内的努力そのものだろう。

たとえば、意識の持続から、心身関係へと拡張される時の直観の努力は、その一切が徹底的に更新されるのでなかったら、直観ではなくなる。既得の観念になった認識を、ほかの対象に移して拡大適用することは、哲学における頽落の始まりである。『意識の直接与件に関する試論』から『物質と記憶』が生まれるには、また『物質と記憶』から『創造的進化』が生まれるには、直観の努力の、すべてを新たにする自己拡張が必要だった。

そのような努力の更新は、単なる知性の仕事では決して起こることはない。既知のものを未知のものに当てはめて推理することは、知性が何よりも基本とする作業である。徹底した、根底からの自己拡張は、直観の仕事、直観にのみ強いられる仕事なのだ。ベルクソンの著作系列と、哲学者としてのその生涯は、まさにそうした拡張の努力の諸段階を、まざまざと表わして紛れることがないのである。

「宇宙は、それが含む一切の変化、一切の実在的運動によって、直観の対象に属する」。ということは、宇宙はその本性において精神だということではないか。それ以外の結論は、成り立ちようがない。ベルクソンは、ここでさらに驚くべきことを言っている。

私は、微分の観念、あるいはむしろ流率法の観念は、まさにこうした種類のヴィジョンによって、科学に示唆されたのだと信ずる。起源においては形而上学であったものが、厳密化されるにつれて、つまり静的な用語で表現され得るものとなるにつれ、科学的なものになったのである。要するに、純粋な変化、実在する持続は、精神的なもの、あるいは精神性に浸されたものである。直観とは、精神に、持続に、純粋な変化に達するものだ。直観に固有の領域は、精神なのだから、直観は諸事物のなかにも、物質的な諸事物のなかにさえも、精神性への参入があることを捉えようとする――それを、神性への参入と言ってもいい。もしも、人間的なもの一切が、どんなに純化され、精神化された意識にも混じり込んでいることを無視するならば。この人間的なものの混入は、まさしく直観の努力が、異なる高さ、異なる地点で果たされ得ることの原因であり、また、多様な哲学のなかに、調停不可能ではないまでも、相互に一致しないさまざまな成果が持ち込まれ得ることの原因である。(In-2, p. 1274)

「人間的なもの」とは、簡単に言い直せば、身体を伴ったもの、という意味だろう。生き物の身体は、一面は生命から、もう一面は物質から成る。人間同士が一定の拡がりのなかで互いに明確に区分されるのは、身体が物質的であることによる。私たちの身体は、物理学が定める落下の法則に従って屋根から落下し、生理学が定める理由に従って胃腸病にもなる。それだけではない。私たちが個体化した意識を持ち、いつも有用な行動を心がけ、共同体を作って協力し合ったり、争いを起こしたりするのは、要するに私たちに身体という半ば物質的なものが備わっているためである。

あらゆる科学は、身体のこの物質性を基盤にしている。世界から純然とした物質の系列を抽出するのは、このような身体だと言える。あるいは、身体を持った人間の生活だと言える。これは、さまざまな科学が成り立つ理由でもある。

だが、生命的傾向は、身体なしでもこの宇宙に存在できるし、持続はそれ自身の傾向を持って宇宙に時間を流れさせている。「直観」は、この領域に属し、この領域にあるものを対象として働く。

数学が作り出した微分の観念は、純粋な持続への全体的な直観から生まれている。これは、まったく驚くべきことだ。が、この直観は、外部の物質的傾向と中和し、そこに適用されるための数的表現を研いでいくに従い、科学になった。微分は、直観と科学との中間にあって、純粋な持続の全体を、宇宙の物質的傾向にそのまま切り下げ得るような、精密な表現の通路を開くものだと言ってもいいだろう。そのことによって、微分という数学的表現が犠牲にしたものは、元の直観が捉えていた運動であり、持続であり、相互に浸透し合う性質の連続変化なのである。

哲学とは、このような犠牲への抵抗でなくて何だろう。物質の、身体の、「人間的なもの」の水面へと浮き上がってきて科学に変貌しようとする直観を、始めの深さへと押し戻す努力でなくて何だろう。押し戻す経路は、浮き上がってきた経路と同じなのだから、哲学は科学が進んだ路の反対方向から、科学と対面し続けることになる。ベルクソンの哲学が、絶えず科学の照明を受けているとは、このような意味においてである。

押し戻す力が強ければ強いだけ、哲学は「精神に、持続に、純粋な変化に」深く達するだろう。数学の微分は、そこから出発している。けれども、そこに再び戻って、純粋な質の連続変化を捉え直すことはしない。数学は直観から出発するが、直観を方法とすることはない。数学の方法は、あくまでも数学記号による持続の区分と関係づけである。哲学もまた持続の直観から出発する、が、その直観は方法となって、持続それ自体の最も深い把握に戻ってくるのでなくてはならない。

哲学は、戻るためにこそ、出発する。持続の底深くから、分散した言葉、記号、諸概念の表面にまで浮き上がり、その表面をまた持続の底深くに押し戻す。そしてまた、浮き上がる。押し戻す位置が深ければ深いだけ、浮き上がる力は強度を増すだろう。ひとつの哲学が持つ論証の力とは、この強度である。さまざまな哲学が持つ強度の多様とは、それが入り込む実在の無数の深さである。

科学もまた、持続の直観から出発するが、直観から諸記号の表面へと浮き上がってくる科学は、知性による有用な行動の道具を作ることしか目的にしていない。科学の直観は物質化し、「人間的なもの」になって停止すると言える。諸記号に分散した知性的認識の平面を、直観の底へと押し戻す哲学の努力は、「人間的なもの」からついに「神性」へと達していくはずである。ベルクソンは、そう言っているのだ。

4 「直観」を定義する困難

ここで用いられている「直観」という言葉だが、これに対しては「単一で幾何学的な定義を求めないでほしい」と、ベルクソンは例の自伝的「序論」で書いている。「私がこの語を、数学的に互いに演繹されない幾つもの意味で使っていることを示すのは、あまりにもたやすい」(In-2, p. 1274)。実際、そういうことをやってみせて、得意げにベルクソンの矛盾を突く人間はいくらもいる。私自身がやれば、もっとはるかにたくさんの意味を引き出せるだろうと、彼は言う。

そんなことは、当たり前なのである。アリストテレスの言う「エイドス」に、どれだけたくさんの意味があるかを索引にあたって調べてみるがいい。それらの意味のなかには、表面的にはまったく排除し合う諸観念さえ含まれている。

哲学が取り上げるものは、絶えず連続し、運動し、多様な水準に伸び縮みする実在である。「単一で幾何学的な定義」は、そういうものの作為的、記号的な固定によって成り立っている。科学の「正確さ」は、そうした固定によってこそ保証されている。そして、そのことは大いに許されるだろう。なぜなら、始めから科学は、宇宙から物質的傾向を抽出し、固定することで成り立つ知性の行動なのであって、そこから来る「正確さ」は、その傾向自身のなかに実際に含まれている〈物質〉という性質としっかり対応するからである。

哲学の「正確さ」は、そうではない。それは、固定や単一化によって確保される数学的な正確さとはまったく別のものである。持続を対象とする「直観」は、哲学の方法であると同時に、それ自身が緊張、弛緩する持続、あるいは生の運動にほかならない。「直観」の働きは、物質の表面を離れて精神性の深みに入り込んでいくほど、実在からの強い抵抗を受けて緊張する。逆に、物質の表面に浮かび上がっていくほど、それは弛緩して生活上の単なる知覚と区別のつかないものになる。緊張、弛緩のこの過程は、連続する無数の度合によって埋められている。「直観」を定義する困難は、ここに、つまりその実在性にこそあるのだ。

そういうわけだから、ベルクソンが「直観」をいろいろな意味に用いるからといって、文句を言っているようではだめである。宇宙には物質と生命（精神）との相互浸透するふたつの傾向があり、直観の対象は、物質の傾向と混じり合うほど、直観を弛緩させ、物の知覚に溶け込ませる。直観の対象が、生命の傾向に純化するほど、直観は緊張して、対象そのものからの抵抗を満身に受けた強い努力となる。このような緊張、弛緩の過程のどの位置で「直観」を語るかによって、その定義は変わる。変わることが、正しいのである。

「けれども、基本的な意味というものがひとつある」とベルクソンは言う。「直観的に思考するとは、持続において思考することである」と（In-2, p. 1275）。この意味だけは動かない。「直観的に思考する（penser intuitivement）」ことの反対は、知性の分析によって、また記号の操作によって思考することである。言葉で何かを言うことは、すでに知性の働きによる。したがって、どんな直観も知性の助けなしには語られることがない。まして、ひとつの哲学にまで達することはない。けれども、「持続において思考する（penser en durée）」ことは、宇宙をそれが実在する仕方に即し、正確に語りきるためには、どうあっても必要なことだと言えるのである。ここで「直観」についての最も基本的な定義を、というよりは語り方を、ベルクソン自身から聞いておこう。

知性は、たいていは動かないものから出発する。次に、運動を並置された不動のものによって何とか再構成する。直観は運動から出発し、それを実在そのものとして置く、あるいはむしろそれを知覚する。直観は、不動性には抽象的な瞬間しか見ない。私たちの精神が運動性から取り出した束の間の瞬間しか見ないのである。知性は、たいていはいろいろな事物を手に入れる。そうやって、安定したものを理解する。変化などは、そこに付け加わる偶然だとみなす。直観にとっては、本質的なものは変化である。知性が理解しているような事物は、生成のさなかから切り取られた実用上の断片、私たちの精神が全体の代用品に昇格させた断片にほかならない。思考というものは、たいていは新しいものを既存のものの新しい配列として思い浮かべる。思考にとっては、失われるものは何もなく、創造されるものも一切ない。直観は、増殖する持続に密着し、そこに予見不能な新しさの不断の連続を知覚する。直観は、精神が精神の持つものより多くを己《おのれ》自身から引き出すことを、見て、知っている。精神性は、まさにそこにこそあること、精神に浸された実在《レアリテ》が創造であることを、見て、知っているのである。(In-2, p. 1275)

第Ⅴ章　〈記憶〉についての考え方

1　持続において思考する例（その一：「記憶内容」）

　哲学の対象は「精神」であり、その方法は「直観」であるというベルクソンの言い方は、繰り返し述べるが、大変誤解を受けやすいものだと言うほかない。ここでベルクソンの言う「精神」は、宇宙に実在の時間を流れさせる生命的傾向のことであって、これは物質的傾向との相互浸透や反発の作用を伴ってこそ在ることができる。物質的傾向から一切離れた精神というものを考えるなら、それは神だということになるだろう。が、哲学は、そういうものから、つまり経験を離れたものからいきなり出発することはできない。にもかかわらず、過去の形而上学というものは、しばしばそうした仕方で行なわれてきたのである。

「精神」は、「持続」と言い換えてもよい。「持続」とは新しい性質が不断に生み出されることであり、宇宙は宇宙自身に充満する「持続」としてだけ、「時間」を持つと言える。若いベルクソンが、その出発点で、思考の障碍物としてぶつかったものは、この持続だった。持続は、生命的傾向の本質であり、これを措いてほかには、生命はない。物質的傾向の本質は、性質を変えずに分割され得る拡がりであり、惰性であり、記憶を持たない繰り返しであり、その結果として予測、計測が可能なことである。科学は、この傾向に働きかけ、有用な効果を引き出す。その時に必要な方法、操作は、知性による分析になる。物質的傾向の本質が、その分析を許す。

絶えず性質を変えることで存在する「持続」は、そうした分析を許さない。「持続」は、「持続」そのものによってしか捉えられない。「持続」自身を捉える「持続」の働き、内的努力のことを、ベルクソンは仕方なく「直観」と呼んでいるのだ。「直観的に思考するとは、持続において思考することである」というベルクソンの言い方は、ここから出てくる。この言い方は、まさに彼の全哲学の方法を要約したものになるだろう。なりはするのだが、このような言い方では、どんな凡庸な解釈、解説をも受け容れてしまうところが厄介なのである。

それでも、彼はこの方法を実行することによってしか、決して前へ進むことができなかった。実行例のひとつを取り上げてみよう。心理学が「記憶内容（souvenirs）」として取り扱っている対象が、「持続において思考する」ベルクソン哲学の方法を通しては、どのようなものとして現われてくるかを見てみよう。

言うまでもなく、心理学は、心を扱いながらも、科学であることを自任している。確かに、心の科学というものが、あっていい。ただし、その分析的方法の「正確さ」は、心が身体の物質的傾向と結びつく限りでのみ成り立つものではないか。身体の物質的傾向から遠ざかるにつれ、心は絶え間ない純粋な質の変化そのものとして捉えられるしかない。「楽しい」とか「悲しい」とかいった言葉で表わされる〈心の状態〉は、ほんとうは心にはない。あるのは、ただ名状し難い、心全体の連続変化である。この変化には、どこにも隙間というものがないから、変化するものが流れる空虚な時間、というものもまたないのである。時間は、この連続変化の質の流れと区別することができない。

しかし、人間には身体がある。人間の心は、宇宙の物質的傾向と離れては具体的に働くことができない。働くとは、この場合、有用に行動することである。心は、身体を通して宇宙の物質的傾向に有用に働きかけると言ってもいい。このことによって、心は物質的傾向の幾分かを自分のなかに取り込む。すなわち、その空間的区分や、数量的な計算の可能性を、行動によって取り込むことになる。区分され、数えることのできる〈心の状態〉が、こうやって設定され、意識されるようになる。したがって、この設定は、心理学だけのものではない。日常の行動に、もともとつきまとっていた意識である。

あの状態とこの状態との区別、比較、連関づけ、強度の計量、比較などが、こうして可能になるだろう。心理学は、この方向を限度まで推し進めて、成り立とうとする科学にほかならない。それは、「持続」に替えて、「状態の並置」を持ち込む。分析のために持ち込むだけでなく、そのような状態が在ることを前提にしている。それはほかでもない、生活する私たちが、そういうものの存在を、何とはなしに信じているからである。

あの心理状態がこの心理状態に替わる。あのうれしさが、この淋しさに替わり、それとともに、あの思いが、この思いに替わる。取って替わられたそれぞれの気持ちや思いは、どこに行くのか。それぞれが記憶となって残っていく。私たちは、そんなふうに考えざるを得ない。実際、私たちは〈それらについての記憶を持っている〉のだから。持っていて、必要な時には、それらをさまざまに利用しているのだから。〈心の状態〉に関する心理学は、こうして「記憶内容」の心理学につながっていかざるを得ない。

ベルクソンは『物質と記憶』（一八九六年）のなかで、このような「記憶内容」の存在を、根本から否定する。それは、「記憶内容」と呼ばれている対象を、極限まで「持続において思考する」ことによってである。『意識の直接与件に関する試論』（一八八九年）で精緻に展開された「心理状態」という観念の否定は、『物質と記憶』では、そのまま「記憶内容」という観念の否定となって引き継がれる。そう言ってもいい。「心理状態」というようなものはない、あるのは連続する心の変化それ自体であり、そこにはどんな切れ目も、切れ目を生み出す隙間も、隙間を作っている空虚な時間もない。ベルクソンの直観は、若い頃のこの否定から始まり、この否定は、すぐさま「記憶内容」についての徹底した再検討を求めたのである。ベルクソンによれば、哲学者の直観は、ソクラテスのダイモンのように、必ず「何かが違う」、「それは不可能である」という否定の感情からやって来る。それは、直観が何かを否定する、というよりも、何かが哲学者の感情のうちにある最も自然なもの、根底のものを殺しにやって来るのだろう。直観は、それへの拒否としてまず働く。

「心理状態」の否定は、まずこのようにしてやって来た。そこから彼が達した信念、あるいはヴィジョンは、純粋な持続の運動としての心の実在だった。それなら、無数の「心理状態」が蓄積した場所になっている「記憶（mémoire）」とは、また、そこにとどまっているさまざまな「記憶内容（souvenirs）」とは、いったい何なのか、それらをどう考えるべきなのか。これは、『意識の直接与件に関する試論』を書き終えたベルクソンが、次に、どうあっても乗り越えなくてはならない難問だった。『物質と記憶』のなかで、難問は見事に乗り越えられている。「持続において思考する」ことを経た、言い換えれば「直観」という方法を適用された「記憶内容」は、驚嘆すべき、真に新たな相貌で現われたのである。

ほんとうは、いろいろな「心理状態」の推移が、動かない絵札のように並べられたものの連なりではないように、「記憶内容」もまた脳のなかに蓄積された個々の心像でも観念でもない。「心理状態」が切れ目のない「持続」として、それ本来の運動性を取り戻したように、「記憶内容」もまた「持続」が持つ運動性を完全に取り戻すのでなくてはならない。が、そのためには、前著で示された「持続」の概念は、徹底して作り直されなくてはならなかった。別の概念になるのではない、「持続」は、そのために不可欠の〈深さ〉を得なくてはならなかったのである。

「持続」は、「記憶の諸水準」という概念に移し替えられる。ここで、ベルクソンが示した考えは、次のようなものだ。

記憶には、それを必要としている行動の性質に応じて、無数の「水準」があり、それらは絶え間なく形成されている。たとえば、私が、道の曲がり角でぶつかりそうになった人から身をかわす、というような行動においても、記憶はしっかりと用いられている。用いられていなければ、私はただの物体になり、物体の法則に従って相手から撥ね返されるだけである。この時、身をかわすのに用いられる記憶は、ほとんど反射運動とひとつに溶け合っていて、ただ対象を「人」だと見分けさせるだけだろう。

この「人」をもう少し遠くから知覚していれば、私はその人が誰であるかまで見分ける。大人か子供か老人か、あるいは男か女か。もう少し余裕があれば、知人かそうでないか、危険な人物かそうでないか、なども見分ける。そういうことに要する私の記憶は、もはや反射運動とひとつにはなっていない。身をかわすことだけに要した記憶は、言わば膨張して、その人を見分けることのできる水準まで、記憶内容を増殖させるだろう。

この膨張は、もっとはるかに進むことができる。たとえば、相手が細心の注意を要するひとりの知人であることがわかったりすると、私の記憶は、その人物と言葉を交わすのに必要な分だけ膨張し、細部を持ち、たくさんの「記憶内容」に分かれていかなくてはならない。さっきは、ぶつかることを避けるだけでよかった、その同じ「人」が、対象としてそれだけの〈深さ〉を持つようになる。

その人と別れたあとで、私はその人についての注意や関心を、望むだけ大きくしていくことができる。すると、その人を中心とした私の記憶は、ますます膨張していくことになるだろう。その人をめぐる私の記憶内容は、限りなく多様になり、細部に溢れたものになるだろう。「記憶」は、そのような膨張を許すし、「記憶内容」は、そのような細部への限りない分化、分裂を許すだろう。ここにあるのは、収縮から膨張、単純から複雑へのひとつの絶え間ない運動だと言える。

ベルクソン的な「持続」が、「記憶」という概念に転移するのは、「持続」を生き物の行動のなかで見た時である。「持続」は、最も大きく見れば開かれた宇宙の全体にあり、宇宙はそのなかで不断に自己を創造し続けていると言える。が、「持続」は単に宇宙の開かれた全体としてあるだけではない。それは、行動する身体の閉じられた諸系列のなかに無数に分岐する。

ここで〈閉じられている〉とは、刺激に対する反応の回路を作っている、という意味である。外から来る刺激に、身体の内側から起こる行動で反応する。生物であるとは、このような行動の回路を持つことである。「持続」は、その回路のなかで「記憶」に変わり、生き物の行動と絶え間なく相関するものになる。ベルクソンの第一の主著が、第二の主著へとその段階を大きく進めるのは、まさしくこの点においてなのである。

「持続」の問題は、「記憶」の問題となって捉え直される。けれども、このことは反対向きにも言える。暮らしの常識が、あるいは心理学や生理学が、「記憶」と呼び慣わしているものは、「持続において思考」される対象に、一挙に移し替えられたのだ。この移し替えは、単なる観点の変更というようなものではない。知性の対象として固定されていたものが、直観の対象として、その持続を、運動性を取り戻したのである。「記憶」は、それを包み込む生き物の行動に従って、絶え間なく膨張と収縮とを繰り返している。その膨張、収縮のなかで、さまざまな「記憶内容」はやはり絶え間なく無数の分岐（複雑化）と融合（単純化）とを繰り返している。「記憶内容」の繰り返される発生は、膨張、収縮する「記憶」の運動そのものから来る。

2　「記憶」と「過去」との関係

「持続」が「記憶」として捉え直された、ということは、単に「持続」が心理機構《メカニズム》のようなものに置き換えられた、ということではまったくない。反対に、そうした心理機構《メカニズム》こそが、「持続」の動的相貌のなかで面目を一新するだろう。ひとつの機構《メカニズム》には、それを構成しているいろいろな部品がある。ところが、「記憶」は脳物質に収納された機構《メカニズム》ではなく、「記憶内容」は「記憶」を構成している部品のようなものではない。

　機械の部品は、一度作られれば、その形も大きさも機能も変えない。「記憶内容」は、「記憶」の膨張、収縮に応じて、根本からその内容を変え続ける。ひとつの対象《もの》を見る時の私の記憶は、最も収縮した時には、そのものから身をかわすべきか否か、というふたつの記憶内容に分かれる。この区分はこれ以上なく明確なもので、世界の全体はこの区分に従って、避けるべきものと避ける必要のないものとに二分されてしまう。

私の行動がもっと複雑になり、その対象《もの》への注意が細やかになっていくほど、その対象とそれを取り巻く世界は、多数の分岐に入り込んでいく。私の行動次第で、それに用いられる「記憶内容」は、ニュアンスを持ち、色合いを持ち、やがて判別し難い相互浸透を起こすようにもなるだろう。ここには、機械の部品と似た性質は何もない。

たとえば、ひとりの人物について私が用いる「記憶内容」は、ただぶつからないようにすればいいだけの動く物体から、その人間の曖昧な表情、ふとした仕草、遠まわしな言葉遣い、訳ありげな行動の細部にまで限りなく降りていく。降りていくほど、それぞれの記憶内容は明確な区分をなくして、名状し難いものになっていく。それは、目眩《めまい》がするほど限りない細部で沸き立っていくだろう。むろん、人が人にそこまでの働きかけをすることは、大変稀である。日常の人付き合いはもっと簡単なものだが、簡単とは、もっと大雑把な記憶の区分で、その人に応じるということだ。

人ばかりではない、私を取り巻くあらゆるものが、そのように膨張、収縮する私の記憶との関係で現われる。言い換えれば、私は自分が働きかけるその同じ対象を、記憶の無数の水準を通して捉えることになる。私が、何かを見たり、知ったり、わかったりするのには、その都度、記憶の異なる諸水準が用いられる。というのは、どんなものであれ、対象《もの》についての私の〈認識〉は、そのものに対する私の限りない行動の仕方、働きかけの可能性と決して切り離せないからである。

ところで、この〈認識〉というよそよそしい哲学用語は、こうした事情をしばしばわからなくさせる。〈認識〉があれば、その〈主体〉があり、〈対象〉があり……、ということになる。主語、動詞、目的語といったヨーロッパ系の言語が押しつける統語法は、ますますそれら三つの間の静止した、明確な区分を信じ込ませる。

これは、ベルクソンが好んで使った言い方だが、私たちは、先生から罰を喰らった生徒のように、世界の片隅に立たされているのではない。ところが、哲学者たちの言う〈認識〉とは、そういうものになっている。罰を喰らった子供が、何をするのも禁じられて世界という教室をじっと見つめている。〈認識〉とやらは、そんな無内容な、目的を欠いた行為にされているのである。実際には、認識は行動であり、しかも有用な効果を求めての行動にほかならない。

「持続」が「記憶」へと転じるのは、生き物のこのような行動があるからこそである。行動する生き物がなければ、「持続」は宇宙の開かれた全体に流れ込むままで、決して「記憶」とはならない。行動には、無数の性質の違いがあり、そのための無数の注意の度合がある。それらに応じて、記憶は膨張し、また収縮する。記憶が膨張すればするほど、そこに含まれた「記憶内容」は細部を増やし、細部は互いの対立を曖昧にし、直接の行動から遠ざかる。収縮を強めるほど、「記憶内容」は単純な区分によって現われ、差し迫った行動に必要な、明確な対立線を示すようになる。膨張、収縮による「記憶内容」のこうした動的生成は、徹底して、不断に、いかなる空間（空虚な背景）も必要とせずに行なわれている。

行動と「記憶内容」の生成とを別々に考える心理学では、こういうことにはならない。

「記憶内容」は、個々の心理状態が、現在からこぼれ落ちていって古くなり、過去の諸状態になり、それでもどこかに保存されているようなものとみなされる。「記憶内容」は、静止したいろいろな事物として記憶の棚だか、袋だかにしまわれ、整理されている。それが、必要な時に持ち出され、現在の行動に役立てられる。そんなふうに、初めから想い描かれている。それは、まさに想い描かれているのであって、記憶の棚に並んだ個々ばらばらの「記憶内容」といったありさまは、何が証明したわけでもない、常識が好む静止画のようなものだ。

「記憶内容」をこんなふうに理解したのでは、それらが並ぶ順序とか、それらが思い出される方式とかは、「記憶内容」そのものの存在とは別に説明されるしかなくなる。「観念連合」というような無理な説明法はそこから来る。無理ではあるのだが、心理学のその種の説明法は、行動のための常識が一番納得しやすいものにもなっている。このような常識は、記憶と呼ばれるものを「持続において思考する」ことには適さない。むしろ、そのことを、はっきりと嫌う。

けれども、常識には、もうひとつの側面があるだろう。私たちの心身は、ただ能動的に動くだけではなく、それ自身が持続の一部として生きている。ものを叩けば手が痛い、氷を摑めば指が冷たい。能動には、必ず受動が伴う。能動を目指して自分を調整している常識は、必ず受動が形成する常識によって補われ、修正されている。この後者の常識こそ、ベルクソンの言う「直観」に根を張っているものだろう。このような常識には、心理学の「連合主義」はぎごちないもの、生きた実感から離れた滑稽なもの、したがって無用なものとも感じられるのである。

記憶を「持続において思考する」ならば、いろいろな「記憶内容」が、どの場所に、どう並び、どうやって現在の場に呼び出されるか、というような問題は、問われる必要がなくなる。そういったものはみな、知性が背負い込んだ偽《にせ》の問題である。記憶とは、行動のために囲い込まれた持続そのものであり、それは現在の行動に応じて不断に膨張、収縮する。それに応じて、そこに含まれる「記憶内容」は、絶え間なく生成され続ける。

その生成は、一貫して行動の一部だと言える。行動は、さまざまな「記憶内容」の一挙に成り立つ連関を前提にしなくては、発動しないだろう。そのような連関、組織づけの中心にあるのは、生き物の行動しかない。その行動が、実際に行なわれるものであっても、ただ心のうちで準備されているだけのものであっても、同じことである。

事実がそのようであるなら、〈過去〉とか〈現在〉とかと呼ばれるものについての考えも、一新されなくてはならないだろう。連合主義者は、いろいろな「記憶内容」が、何らかの順序で記憶の棚に並んでいるところを想像する。この棚は、物質としての脳にある、そう考えるのが、常識や科学の好むところになっている。脳は、現存する物質だから、それが保存する「記憶内容」もまた、〈現在〉にあると言うしかない。〈過去〉とは、文字どおり過ぎ去ってすでにないもののことであり、在るのは〈現在〉でしかない。したがって、「記憶内容」とは、すでにないものについての〈現在〉の心理的映像であるか、脳物質に保存された刻印のようなものになる。

「記憶」および「記憶内容」を「持続において思考する」哲学にとっては、〈過去〉は決して過ぎ去ってすでにないもののことではない。ベルクソンにとって、ほんとうに在るものは持続の全体なのだから、〈過去〉と呼ばれるものは、持続の全体のなかにいつも現存している。過去と記憶との間には、どのような関係があるだろうか。過去は、持続の開かれた全体のなかで、いつもそれ自体がそっくりまるごと現存している。記憶は、持続が生き物のなかに囲う過去だと言っていい。

過去は記憶となって、生き物の行動に応じた諸水準を持つようになる。前にも述べたように、記憶には、それを用いる生き物の行動に応じて膨張と収縮の無数の水準ができる。行動が反射に近づくほど、記憶は収縮して記憶内容の数を減らす。行動が事前の熟慮を続けるほど、記憶は膨張して、記憶内容は明確な区分を持たない無数の質の差異に近づいていく。いずれにせよ、生き物のなかで記憶となった過去は、いつも現在の行動に対して現存している。

したがって、ベルクソンにとって実在するものは、過去であり、生き物のなかにある記憶だろう。これに較べれば、現在と呼ばれるものは、実在していると言うよりは、生き物を通して働いている。それ自体で存在するものは過去であり、過去は生き物の行動に結びつくことによってのみ記憶になる。現在とは、その記憶が絶え間なく働いている不確定な行動の領域だということになるのである。

なぜ不確定なのか。いろいろな行動は、膨張、収縮する記憶の無数の水準に対応し、それに従って、「現在」と呼ばれるものは無数の度合で伸び縮みするからである。

「今何をしていますか」という質問に対して、私は何を答えればいいだろう。この文を、この文字を書いている、あるいは、ひと月前から家にいて休暇を過ごしている、二十年前からとある大学に勤めている――これらの答えは、質問者が誰であり、何に関心を持つかによって使い分けられる。「今」という言葉は、そのように意味を限りなく伸び縮みさせる。けれども、これは単なる言葉の問題ではない。「現在」と呼ばれるものの、行動に応じた不確定の問題である。「地球の現在」を問題にする宇宙物理学者は、その「現在」を一体どれくらい以前にまで遡らせるのだろう。

〈現在〉は存在していない。それ自体で存在するものは、そのなかに〈現在〉の無数の伸縮を生み出し続ける〈過去〉であり、〈記憶〉なのである。

以上が、『物質と記憶』で述べられる〈持続〉、〈記憶〉、〈過去〉、〈現在〉の関係だと言える。このような関係は、『意識の直接与件に関する試論』が決して明らかにすることのできないものだった。しかし、このような関係を明らかにすることなしには、持続が生き物のなかで実際に働く最も基本の仕組みさえ、わからないことになるだろう。明らかにしてみれば、持続ばかりではない、記憶、過去、現在の意味は、それぞれが根底からの刷新を受けたのである。

3　それ自体で在る過去──潜在性

ここで、記憶が膨張する、ということについて、少し注釈を施す必要があるだろう。膨張するのは、惰性の抵抗を押してするのである。記憶は、惰性的な行動に必要な程度の水準に安住したがる。そこを押して膨張するのは、行動がその惰性を破って、過去のいっそうの細部を探究するからだろう。この探究が進むほど、記憶の水準は、習慣化した現在の行動から遠ざかることになり、ついにそれは開かれた持続の全体に達するかもしれない。少なくとも、その可能性がある。その水準は、生き物の個々の行動とはほとんど無関係な宇宙の持続、過去それ自体、というものにまで進む。記憶の膨張が進むほど、それが達するところは、持続の弛緩した水準、生き物の行動とは無関係に、それ自体で在る過去なのだ。

ここには、一種の逆説があると見ることもできる。なぜなら、記憶の膨張が進むほど、その記憶は持続の弛緩した水準に深く入り込んでいくことになるからだ。持続の弛緩した水準に深く入ろうとすればするほど、思考は緊張した努力を要求される。また、そのようなところからなされる行動は、習慣や惰性とすっかり手を切っていることだろう。言い換えれば、高い創造性を持つことになるだろう。

しかし、持続の最も弛緩した水準は、どこか遠いところにあるのではない。それは、いつも私たち自身のなかにある。なぜなら、私たちは、宇宙の持続のなかにあって、その一部であることをやめはしないからだ。思い出そうとする努力の極まるところには、私たち自身の持続の最も弛緩した水準があり、それはそのまま宇宙の持続全体につながっている。ベルクソンは、それを「純粋記憶」と呼んだ。「純粋記憶」は、生き物としての私たちの記憶が、また、それが含む無数の水準が、宇宙の持続それ自体と直接につながっている領域だと言ってもいい。

そうすると、私たちが何事かを「記憶内容」として思い出すとは、どういうことなのだろうか。『物質と記憶』第三章の異様なほど見事な説明を聞こう。

問題は、ひとつの記憶内容を再び見つけ出し、自分の歴史の一時期を呼び覚ますことだろうか。私たちは、自分を現在から引き離し、まず過去一般のなかに、次いで、過去の特定の領域のなかにみずからを置き直すような、ある特殊な行為があるのを知っている。これは、写真機がピントを合わせていくのに似た暗中模索の作業である。だが、私たちの記憶内容は、まだ潜在的状態にある。私たちは、適切な態度をとりながら、単に記憶内容をそうやって迎え入れようとしているだけである。記憶内容は、少しずつ、凝縮する雲のように姿を現わす。それは、潜在的状態から現実的状態へと移行し、その輪郭が描かれて表面が色づくにつれ、知覚を模倣しようとする。しかし、その記憶内容は、依然として深い根を通して過去に結びつけられている。もし、その記憶内容がいったん現実化され、自分でも元の潜在性を感じなくなり、現在の状態であると同時に現在と対照をなす何ものかにならないのだとしたら、私たちは、決してそれが記憶内容だと思ったりはしないだろう。(MM, pp. 276-277)

思い出され、意識の上に現われた「記憶内容」は、それがどんなに活き活きとした色合いで思い浮かべられようと、現在行なわれている知覚の像とは決して同じではない。それは、「深い根を通して過去に結びつけられている」。すでに述べたように、現在とは活動するものであり、過去はそれ自体で存在するものである。それ自体で存在するとは、行動から離れた「潜在性」を持つ、ということである。したがって、ある「記憶内容」がだんだんと現実化していくとは、それが過去の潜在性を、その分だけ弱めていくことを意味する。弱めて現在の知覚に似たものになる。行動に適した明確さを、その分だけ持つものになる。なるのだが、「記憶内容」の潜在性は、どんな場合にも決して消えはしない。ベルクソンの言葉をもっと聞こう。

ほんとうは、私たちは、過去のなかに一気に身を置くのでなければ、決して過去には到達しないだろう。本質的に潜在的なものである過去は、私たちが運動を行なったり採用したりするのでなければ、捉えられることはあり得ない。過去が現在のイマージュ〔知覚像〕へと開花し、闇から白日のもとに出現してくるのは、この運動によってである。過去の痕跡を現実的（actuel）なもののなかに探しても無駄である。それは光のなかに暗闇を探すようなものだ。連合説の誤りは、まさにその点にある。現実的なものに身を置くこの学説は、実現され、現在の状態になっているもののなかにその起源の形跡を発見しようとして、空しく力を使い果たしている。そうやって、記憶を知覚から区別し、初めは大きさの差異でしかないと宣言していたものを、性質の差異に格上げしようとしているのである。

想像することは、思い出すことではない。なるほど、ひとつの記憶内容は、現実化するにつれ、ひとつのイマージュのなかに生きようとする。が、その逆は真ではない。純然としたイマージュは、私を過去に連れ戻しはしない。そうするには、私がまさに過去のなかにそのイマージュを迎えに行くほかない。その時には、私はイマージュを暗闇から光へと導く連続的進展に従うことになる。それこそ、心理学者たちがあまりにしばしば忘れていることだ。彼らは、記憶された感覚が、そこに意識の重点がかかるほど現実的なものになることを捉えて、感覚の記憶内容は、かつては、生まれつつあるあの感覚だったと、こう結論づけるのである。(MM, p. 278)

心理学者が立てる連合主義は、私たちの常識に根深く依存している。その常識は、記憶内容は古くなった知覚内容だと信じ続けている。何かについてのひとつの知覚があり、それが古くなって思い出になる、というわけである。この思い出は、記憶の棚か、あるいはクリスマスイヴにサンタクロースが担いでいるような大きな袋のなかに入っている。生理学は、その袋を脳物質として、身体器官の一部として説明する。思い出すとは、その袋の底に眠っている記憶内容を、連想という心理的脈絡を使って探しに行くことにほかならない。心理学、生理学の連帯関係は、それがどんなに複雑精緻な理論に発展しても、その根本発想においては、結局のところ、このような常識を出ていないのである。

「記憶内容」を「持続において思考する」立場では、こうした発想は徹底して覆される。「記憶内容」は、行動との連関で絶え間なく生成されるものである。そうした生成の起点となるような記憶の諸水準がある。何かを思い出そうとする時、人はそれら諸水準のうちのひとつに「一気に身を置く」。そう言うよりほかないような一種の跳躍が、ここにはあるだろう。

曲がり角で出くわした男が、三十年ぶりに見る知り合いだとしよう。こうなれば、この男は、ぶつからないようにすればいいだけの動く障碍物ではない。見覚えのあるこの男は、誰だったか。彼が誰であるかによって、彼に対する私の行動はまったく変わる。この時、私は過去のある領域に「一気に身を置く」。その領域がどこにあるかは、初めにはわからない。領域は、まだ区分を受けて指定されていない。私が最初に跳ぶのは、実は「過去一般」のなかであり、これは記憶の「潜在性」そのものであるような領域である。

だから、私が跳躍するのは、まず現実的なものから潜在的なもののなかへ、であり、そこに過去は未分化のまま、まるごとすべてある。あることを思い出すのに必要な記憶の一水準は、その時、そこから作られるのだと言っていい。「一気に身を置く」のでなければ達することのない「過去一般」から、記憶の一水準を形成する「暗中模索の作業」というものがある。この作業の方向を決めるものは、現在が求める行動（たとえば、出くわした眼前の男に、急に親しげに話しかける行動）だが、探しているものは現在にはない。「過去一般」のなかにある。「過去一般」と現在の行動との間で、この時に必要な記憶の一水準が形成されるのである。求める「記憶内容」は、その水準のなかでこそ生成されるだろう。

三十年ぶりに、いきなり出くわした男が誰だったか、どんな職業の、どんな性格の、どんな間柄の男だったか、等々を思い出すのに必要な記憶の水準というものがある。思い出すべき「記憶内容」は、現在の行動が求めている。その現在の一点に向かって、記憶は収縮していき、もろもろの「記憶内容」を生み出し、それらは今目に見えている相手の像にかぶさっていく。

私が、この眼前の男に対してとる態度、行動は、簡単な挨拶から、ずいぶん込み入った、時には抜き差しならない付き合いの始まりまで、いろいろとある。つまり、この男を知る時の無数の深さの度合というものがあり、この深さは、実際限りないところまで行く。対象は何であれ、ものを知るとはそういうことではないか。知ることが深まるたびに、その対象についての「記憶内容」は、いっそう拡張された記憶の一水準で、生成され直さなくてはならない。

私たちは、現在の知覚から、過去の「記憶内容」を探しに行くのではない。一気に身を置いた潜在的な「過去一般」から、現在の知覚、行動の一点へと記憶を収縮させていくのである。記憶はそれ自体が運動であり、そこから生じる「記憶内容」は絶え間のない生成でなくては、私たちの過去は決して現実化する（actualiser）ことはない。

4　脳と記憶

常識も心理学も、脳に関する生理学も、共通して前提にしていることは、過去とは古くなった現在だということである。したがって、「記憶内容」は、古くなった知覚像だということになる。思い出すとは、現在の知覚像にあるものを手がかりに、昔の知覚像を探しに行くことだとされる。知覚のなかのどんな手がかりが、どんな「記憶内容」を、どういう手続きで呼び寄せるというのか。「観念連合」という心理学の仮説は、これを説明するが、ベルクソンから見れば、苦しまぎれの詭弁でしかない。

説明を苦しくしているものは何か。第一に、それは知覚についての考え方から来る、とベルクソンは『物質と記憶』のなかで説く。知覚とは、心のなかに物の像を映すことだという考え、これは心理学が登場するはるか以前から、形而上学を縛り続けていた考えである。しかし、現在に局限して考えるなら「知覚のイマージュ」は、心的映像などではない。知覚によって切り抜かれた物の一部分に過ぎない。でなければ、私によって知覚される物のイマージュが、私自身のものであると同時に、物そのもののなかにもしっかり在ると、なぜ断言できるのだろう。また、知覚のイマージュが心的映像でしかないのなら、単なる想像と現実の知覚とは、イマージュの生産としていったいどう違うことになるのだろう。

さらに、知覚のイマージュを心的映像の一種と考える限り、知覚と記憶との間には強度の違いしかないことになる。今ある知覚像は鮮明、強烈だが、古くなるほどぼんやりしていく、それが記憶内容になり、時が経てば消滅していく――そんな発想である。これは、形而上学や科学の発想である以前に、常識が前提とするところでもあるだろう。が、常識には、これとはまったく異なる前提もある。

それは、私が見た物は、見たところに、私の外に在る、という前提であり、私が思い出す物の像と物そのものの像とは、初めから性質が異なっている、という前提である。いや、これは前提というよりは、当たり前の実感だろう。この実感なしに、当たり前の生活はできない。形而上学は、この実感を無視し、心理学、生理学は、それと気づかないうちにその形而上学に倣っている。これが、ベルクソンの繰り返し主張したところだった。

常識には、哲学が排すべき線と、従うべき線のふたつが常にある。常識は、日々の生活のためにあり、生活は現実に即して行なわれなければ失敗する。で、常識は一方で、その現実の物質的傾向に注目し、それに能動的に働きかけ、利益を得る。が、常識は他方では、現実のなかの生命的傾向に自分を置き、そこからの作用を受け、持続の一部として振る舞うのでなくてはならない。常識が抱く現実世界への実感はここからやって来る。実感に基づかない計算は、愚かである。生きた現実と持続を共有しない理屈は、強張《こわば》っていて、滑稽である。

知覚のイマージュについてのベルクソンの理論は、常識の持つ後者の線に、ただまっすぐに帰っただけのものだった。強張った認識哲学には、その常識が異常なものに見えた。眼に見える像が、物の一部である、という当たり前の考えが異常に思われたのである。けれども、実際のところは、眼に見える物の心的な映像と、見られる物そのものとの一致を、神さまのおかげにでもしなくては説明できなくなるような認識哲学のほうこそが、異常だったに過ぎない。

ベルクソンが言いたかったことは、私たちの知覚は、まず何よりも物それ自体と何の不思議もなく結びついているということだ。過去は、記憶となって収縮し、知覚のイマージュを不断に取り囲む。実際には、記憶に浸されていない知覚はない。だからといって、記憶と知覚との間には、単なる強度の違いがあるのではない。記憶は、単に古くなって、消えかかろうとしている知覚ではない。

ここでもまたベルクソンは、常識から見ても、心理学や生理学から見ても、異様と思える説を説かなくてはならない。記憶が古くなった知覚ではなく、過去が過ぎ去った無数の現在ではないのだとしたら、記憶や過去は、一体いつ作られることになるのか。ベルクソンの考えは、実に端的なものである。

過去は、初めから過去として自己を形成する。記憶はその発生の瞬間から、記憶として生まれている。このことを理解するには、一般に〈現在〉と呼ばれているものが、二重になっていることを知らなくてはならない、とベルクソンは言う。〈現在〉は、一方では行動する尖端として未来に向けて活動している。〈現在〉は、そうした活動そのものと一致し続ける。が、もう一方では、〈現在〉は、行動に吸収されることなく、それ自体で限りなく〈過去〉のほうに、言い換えれば〈潜在性〉の領域のほうに沈んでいく。

どうして、そうでないことがあるだろう。私たちには、見ていながら気にとめないものが、ほとんど無限にある。感じていながら、やり過ごしているものが無限にある。これらのものは、みなどこに行くのか。どこにも行きはしない。すべては、「過去一般」のなかにいつも現存している。こうした過去の全体は、雪だるまを転がすように大きくなっていくと言ってもいい。だが、大きくなる、というような空間の表現は、やはり適切ではないだろう。過去それ自体の永遠の持続がある、と言わなくてはならないのだ。

過去が現在とは関わりなしに、絶えずみずからを形成するものだとしたら、何かを思い出そうとして辿る路は、連合主義が思い込んでいるような、〈現在から過去へ〉ではなく、必ず〈過去から現在へ〉になるだろう。そうした〈過去〉へ行くのには、現実的領域から潜在的領域への一気になされる跳躍が要る。といって、このような跳躍に神秘的なもの、不可解なものは何ひとつない。過去との往来のなかで、いつも私たちがしていることだ。跳躍によって一気に身を置く「過去一般」には、まだはっきりと区分されるようないろいろな「記憶内容」はない。そこには、まず現在の行動が必要とする記憶の一水準が形成され、その水準のなかで区分されるたくさんの「記憶内容」の群れが生じる。現在へと向かい、知覚に結びついていくものは、それらである。

連合主義は、現在のもの、現実的（actuel）なものにしか目を向けていない。だから、潜在的（virtuel）なものから現実的なものへ向かっての「記憶内容」の運動も生成も知らない。いろいろな「記憶内容」に運動や生成があるのではない、「記憶内容」とはそうした運動、生成それ自体のことである。そのことを知らない。

存在するのは現実的なものだけだという考えは、行動を目指した常識のものである。潜在的なものから現実的なものへの絶え間ない生成を切り捨てれば、あるのは空間のなかに並べられた絵札のような「記憶内容」になる。この空間が時間だとされる。時間が経ち、絵札が遠ざかるほど、その絵は薄れて消えていく、というわけである。けれども、心理学の連合主義と手を結んだ生理学は、もっと奇妙な考え方をする。「記憶内容」が並んだ空間は、時間とともに変化する「大脳物質」になる。

脳とは何だろうか。言うまでもなく、それは物質のひとつであり、身体器官の一部であり、神経組織の最中枢部分である。が、決してそれ以上のものではない。脳には、考える能力も、憶える能力もない。脳が考えるとか、憶えるとか、意志するとか、判断するとか言うのは、〈現実的なもの〉から一切を説明したがる人たちの好む比喩でしかない。記憶の潜在性と、そこからなされる「記憶内容」の生成を捉えるベルクソンにとっては、脳はほかの身体器官と同様に、行動のための器官である。ひとつの物質が、どうしてそれ以上のものであり得よう。

論文集『精神のエネルギー』（一九一九年）に収められた「心と体」（一九一二年）という論文は、一般人向けの講演に基づいた実に明快な文章だが、『物質と記憶』の第二章、第三章を見事に要約し、さらにそれ以上の考察さえ含んでいるように思われる。その講演ふうの文章で、脳と思考との関係について、ベルクソンがどう話しているかを聞いてみるのもいい。

言い換えれば、思考は行動に向けられています。そして、思考が現実の行動に達しない時でも、思考は、ひとつ、ないしは幾つかの潜在的行動、単に可能的な行動を下書きしているのです。現実的であろうと潜在的であろうと、これらの行動は、思考が絞り込まれ、単純化されて空間中に投影されたものであって、思考の運動的な分節を示しています。脳物質のなかに描き出されるものは、これらの行動なのです。だから、脳と思考との関係は、複雑微妙です。もし、あなたがたが、私にひとつの単純な言い方を求めるとします。それは、どうしても大雑把な言葉になるほかありませんが、私はこう言いましょう。脳とは、パントマイムの器官であり、ただパントマイムだけの器官であると。その役割は、精神生活を身振りで表わすこと、また精神生活が適応しなくてはならない外的状況をも身振りで表わすことにあります。脳の活動が、心の活動に対して持つ関係は、オーケストラを指揮する人の棒の動きが、シンフォニーに対して持つ関係と同じです。シンフォニーは、それを指揮して分節する動きを、あらゆる面で超えています。同じように、精神の生活は脳の生活を溢れ出しているのです。けれども、脳は、動きとして演じ得るもの、物質化できるものの一切を、精神の生活から引き出し、精神が物質に入り込む点を設けます。まさにそうやってこそ、脳は、精神がどんな時も状況に適応すること、精神と現実との接触が絶えず維持されることを保証するのです。だから、正確に言えば、脳は、思考や感情や意識の器官ではありません。けれども、意識、感情、思考は、現実生活の上に張られていなくてはならず、したがって、有効な行動ができるのでなくてはなりません。もしお望みなら、こう言いましょう。脳は、生活への注意の器官であると。

精神全体が侵されているように見えるには、脳物質のちょっとした変化で充分なのは、そのためです。さっき私は、幾つかの毒が意識にもたらす結果、もっと広くは、脳の病気が心の生活にもたらす影響について話をしました。こういった場合に、乱されているのは精神そのものなのでしょうか、あるいはむしろ、事物のなかに精神が挿入されるメカニズムなのではないでしょうか。狂った人が変なことを言っている時、彼の推論は最高に厳密な論理にかなっていることがあります。被害妄想にかかった人が話すのを聞いていると、この人の間違いは、論理の行き過ぎにあることがわかるでしょう。彼が間違うのは、下手に推論するからではなく、夢見る人のように、現実を外れ、現実の外で推論するからなのです。病気が脳物質の中毒から引き起こされるとしましょう。これは、ありそうなことです。それでも、毒があれこれの脳細胞のなかに推論を捕えに行ったなどと思ってはいけません。したがって、脳のあれこれの点に、推論に対応する原子運動があると思ってもいけない。それは違います。害されているのは、たぶん脳の全体でしょう。ロープの結び目が緩んでいる時、垂れ下がるのはロープの全体であって、あれこれの部分ではないのと同じです。しかし、船が波間に躍るには、係留ロープのちょっとした緩みで充分なように、脳物質全体にわずかな変化でもあれば、精神は、それが通常支えとしている物的事物の全体と接触を失ってしまい、現実が足元から崩れ去っていくように感じ、よろめき、目眩《めまい》の感覚に襲われます。実際、多くの場合、狂気が始まるのは、まさに目眩の感覚に似た感情からなのです。(AC, pp. 850-851)

語り口は自信に溢れ、簡明な説得性に満ちている。第二の主著『物質と記憶』の刊行から十五年を経て、ベルクソンの哲学は、当時の心理学、生理学、生物学との激しい交渉をくぐり抜け、曖昧なものの言い方を何ひとつ含まない思考に達している。けれども、この思考は、対象を「持続において」捉える努力に習熟しきっていて、そのなかでは、すべてのものは動き、変化し、色づいて活気を帯びるのである。

無数の「記憶内容」を、それらの絶え間ない生成から切り離せば、そこには動かない絵札のような心的表象があるばかりだ。それらは、どんな表象か。過去の視覚映像、語の記憶、その他、思い出されるもの何でも、である。それらが、脳物質のなかに保存されているとされる。たくさんの写真が引き出しのなかに入っているように。心的なものが、物的なもののなかにいったいどうやってしまい込まれるのか、それについては、何の検討もない。あるいは、記憶内容は、脳物質の原子運動そのものと同一視されるか、少なくとも対応し、並行しているものだとされる。脳細胞のなかのどこかが破壊されれば、同時に記憶内容もまた壊れ去り、過去はどこにもなくなる、というわけである。

実際には、記憶の全体は、脳とは別に、それ自体でそっくりそのまま存在する。ただし、記憶それ自体は潜在的なものであり、身体を通じ、何らかの行動へと現実化していかなければ、いろいろな「記憶内容」を生み出さない。脳は、そうした身体の一部である。それは、手足のようには行動しないが、外から受け取った刺激を行動にして送り返す中枢神経の根幹、身体中の無数の運動図式に電気を入れるスイッチとしてなら活発に働く。脳は、行動を多数の選択肢の前で待機させ、実行に移させる身体器官であり、また、どこまでも身体器官でしかない。

脳物質を極限まで微細に分析し、すみずみまで照らし出したところで、そこには「記憶内容」のかけらも見つからないだろう。あるのは、心的な運動を、物的な運動へと接合、転換させる身体のメカニズムだけである。「記憶内容」と呼ばれるものを、「持続において思考」し尽くすなら、そのことはあまりにも、実にあまりにも明らかではないのか。

脳は、考えることも、感じることも、意志することもしない。今日の驚異的に発展した脳科学の理論や観察を前にしたとしても、ベルクソンはこの断言を少しも訂正すまい。なぜなら、彼は時代によって修正を受けるひとつの学説を、ここで述べているのではないからだ。彼が示しているのは、「記憶内容」を「持続において思考する」ことから生み出される紛れもない精神の姿（ヴィジョン）であり、それはそれを観る努力を貫いて、いつも実在しているのである。

第Ⅵ章　〈器官〉についての考え方

1　哲学はいかに〈努力する〉のか

私たちがベルクソンの遺書と呼んだ『思想と動くもの』の「序論」には、確かに彼のほかの文章にはない極度の単純さ、誤解を恐れない率直さのようなものが随所に現われている。もはや、誤解などは気にかけていられないのだ。が、この単純さ、率直さは、容易に理解できる、ということとはおよそかけ離れているだろう。ここで彼が読者に要求しているものは、「直観」という方法への習熟であり、それに要する忍耐や時間である。彼は何かの説を説いているのではなく、彼の方法に従って心中にものを〈観る〉努力を求めているのだと言ってもいい。

〈観る〉努力を省いて〈理解する〉人は、「持続において思考」しない。そういう人が考えるとは、日常の言葉が獲得したいろいろな一般観念を組み合わせることである。その組み合わせが新しいとか、すでに古いとか、そういった言い合いに終始している。世に優れて頭のいい人とか、説明が達者で、理解の早い人、などというものは、みなこうした組み合わせの能力に優れた人でしかない。こうした人々が抱く言葉への軽信ほど、手に負えないものはない。出来合いの言葉で何についても言い募り、何でも常套句で割りきって、わかったことにしてしまう。

この人たちは、一様に科学を尊重するふりはするが、科学そのものを知っているわけではない。ただ、科学が示してくれる機械的な因果関係を、雑多な事柄に拡大、流用して話すことを得意としているに過ぎない。そうやって、あやふやな決定論をふりまき、自分が緻密な知性の持ち主であるかのように振る舞う。因果関係の機械的な連鎖を引き出すのは、確かに知性である。けれども、知性は、宇宙の物質的側面に対して有用に働きかける時だけ、その働きかけの強さに応じて緻密であるだろう。

そうでない場合、生命や、精神に関わる事柄が対象である場合には、知性は躓き通しになる。が、実際の科学を知らない科学愛好者は、この躓きに少しも気づかない。知性による大雑把な観念の枠組みのなかに、何もかもを投げ込んで分類する。粗雑で壮大な決定論は、そこからいくらでも生まれてくる。哲学者、形而上学者と呼ばれる人たちの仕事は、往々にしてこういうものになる。このような決定論者は、例外なく論争に強い。論争は、彼の土俵である。これに較べれば、「持続において思考する」真の哲学者は、いつも口下手で、言い淀んでばかりいる。彼の思考は、論争向きのものではおよそない。「直観」に習熟した哲学者は、駆け出しの決定論者と論争してさえ、たいそう分が悪くなる。ベルクソンは言っている。

人はいつも言うだろう。単純で、明晰で、真実なのは彼〔決定論者〕のほうだと。彼はたやすく、自然にそうなる。というのも、彼はまったく出来合いの思考と既製品の言葉を集めるだけだからだ。科学、言語、常識、知性の全体が、彼に奉仕する。直観の哲学者を批判することは、実にたやすい。また、その批判は、受け容れられること間違いなしだから、いつも初心者を誘惑する。あとになって、後悔が来ることもあるだろう。それでも、生まれつき理解力がないのなら、仕方がない。また、言葉にならないもの、精神固有のもの一切に対する怨望《ルサンチマン》が、恨みによってあるのなら仕方がない。そういうことは起こる。なぜなら、哲学の世界にも、古代ユダヤの律法師やパリサイ人に類する者は、ついてまわるからである。(In-2, p. 1277)

ベルクソンが、こんなに嫌悪をあからさまにした言い方をすることは、極めて珍しいのだが、彼を辟易とさせた邪悪な「律法師やパリサイ人」たちは、確かに多かったのである。生きたもの、自由なもの、創造されるもの、に対する彼らの「怨望《ルサンチマン》」は、意を尽くして説得することも、論破することもできない。そういう人々が、大昔からこの世にはなぜかいる。それは仕方のないことだと、ベルクソンは考える。そのことの理由を探しても、意味はない。ただ、そのような者たちに、人の知性は、常識は、何と騙されやすいか。

科学をたわいなく盲信することは、何より簡単だが、科学の証明を前に、厳密な知性で踏みとどまることは常に難しい。右の引用に続いて、「序論」の「第二部」には、次のような非常に端的な言葉が現われてくる。

したがって、私は形而上学の限定された対象として、特に精神を指定する。ひとつの特殊な方法として、何よりも直観を指定する。そのようにして、形而上学と科学とをきっぱりと区分する。だが、またそのようにして、私はそれらに同等の価値を与える。私は、それらが、それぞれに実在の根底に触れ得るものだと信じている。私は、哲学者たちによって支持され、科学者たちによって同意されている考え、認識の相対性や絶対に達することの不可能、という考えを拒絶する。(In-2, pp. 1277-1278)

哲学者たちは、どうして自分たちの「認識の相対性」を言い、精神が「絶対に達することの不可能」を言うのか。その原因は二段階になっている。まず、彼らは、知覚されるものを主体のなかで構成される心的映像に過ぎないものと考え、知覚と外部にある物自体との通路を断ち切ってしまう。次に、彼らはそういう物自体が、まったく心的な知覚の像と一致するはずのないことを論証し、それでも一致してしまう場合には、その永久の相対性を、不完全や人為性を言うのである。

科学者たちは、どうしてそれに同意するのか。彼らの仕事は、もともと知性による抽象を本筋としているからである。宇宙のなかから物質的傾向だけを抽出し、固定させ、事物の反復する閉鎖系を設定する。これらの仕事は、実際に科学の側の抽象による。だから、哲学者たちの言う「認識の相対性」は、科学者にも特に異存のないものと映る。が、事実は異なっているだろう。

哲学者たちが、認識を知性の抽象だとするのは、口先だけの話に過ぎない。それは、まさに知性の形而上学から出た独断である。近代科学者たちの抽象は、事物の直接の観察に基づいている。言い換えれば、人間種の有用な知覚に基づいているのである。科学的表現によるすべての抽象は、この知覚を基礎とし、この知覚の洗練を推し進めるから、実在する宇宙の物質的傾向と無関係になることは決してない。近代科学が、無数の発明に役立ち、生活を便利にしたのは、そのためである。実在から離れた科学は、何よりもその応用において失敗する。「認識の相対性」を言う哲学には、もちろん失敗も成功もない。ただ、論理の整合性や説明の巧みさだけが、埒《らち》もなく競われるだけだ。

科学は、「絶対に達する」。ベルクソンがそう言うのは、科学もまたみずからの方法によって実在と、宇宙の物質的傾向と確実につながっているからである。そのようにつながっている限り、この傾向の根底を極める仕事は、科学のものだと言える。科学の分析は、どんな場合にも行動的な知性によって進められ、暮らしの役に立つ応用によって確かめられる。科学がどんなに進んでも、この原理に変わりはないのだが、応用はどこまで拡大するかわからない。どこまで拡大するかわからない応用と並行して、科学の分析は、またさらに進展する。日常の知覚をはるかに超えたミクロ、マクロの世界にまで、それは及んでいく。

二十世紀における理論物理学の驚異的な進展は、そのことを充分に示した。『物質と記憶』の第四章で述べられたベルクソンの物質理論は、のちの理論物理学によって証明されたと言ってもいいのである。その箇所で、ベルクソンは何を言っていたか。

そこでも、彼の言うことは、「持続において思考する」態度から少しも離れていない。彼は、物質もまた宇宙の持続に含まれる一傾向であるから、その本性は運動それ自体であると考える。この運動に不変の「物体」を見たりするのは、人間の行動に好都合な功利的観点による。この観点を取り外せば、物質はどんなに小さな原子の類も許さない「運動性《モビリテ》」それ自体のなかに入り込んでいくだろう。その「運動性《モビリテ》」の本質は、「記憶」や「創造」を含まないこと、したがって一定系列の運動が示す無限の反復、あるいは「振動」であることだろう。

ベルクソンは、二十世紀の物質科学が、このような意味での「運動性《モビリテ》」の探究に乗り出していくであろうことを、はっきりと予見している。少なくとも物理学は、もはやほかにすることがないのではないか。それは、物質の根底に、その実在の姿にますます近づいていくだろう。その意味で、現代の理論物理学は、古代形而上学のプログラムの半分を、すでに満たしつつある。が、それでも、物質科学はその応用性を捨てたわけではない。応用の範囲は、科学の進展に従って、どこまでも拡大されていくから。二十世紀の科学テクノロジーの発展は、この応用性のまったく新しい次元を開いていったとさえ言える。

この応用性、有用性を捨てれば、あるいは捨てた気になるとすれば、科学は宇宙から物質的傾向の線を抽《ひ》き出すための根本の支えをなくすことになる。ベルクソンが、二十世紀の理論物理学に対して、最後に言うべき点はここにあっただろう。むろん、彼はそれほど長くは生きられなかったし、また理論物理学者は彼の哲学をほとんど理解もせず、関心も持たなかったわけだが。

哲学が生命的傾向を、持続を、あるいは「精神」を扱う場合には、事情はまったく異なっている。この傾向は、何らかの観点から抽き出したりする必要がない。宇宙には、確かにふたつの傾向が実在する。けれども、これらふたつの傾向のうちで、宇宙にとって本質的なものは生命的傾向、持続の傾向のほうである。宇宙全体の存在の仕方は、持続のなかにおいてこそ完全に見出される。したがって、この傾向は、観点や応用とは関係なしに、それ自体で直接に捉えられなければ意味がない。

知性による分析を用いる科学と、直観を用いる哲学は、実在の異なる方向で宇宙の根底に触れる。ふたつの価値は同じものであり、交換することのできない方法と対象とを持っている。このふたつを、形而上学の二部門と呼ぼうと、科学の二部門と呼ぼうと、そういうことはどちらでもいい。重要なのは、これら二部門が実在の区分に沿っていること、互いを吸収し尽くすことの決してできないものだということである。

これらの二部門を必要とする宇宙の実在的区分は、私たちの経験によって混合され、調整され、ひとつのものとして生きられている。「ということは、科学と形而上学は、対象と方法とを異にするが、経験においては互いに通じ合っている、ということである」(In-2, p.

1287）。科学者であろうと、哲学者であろうと、生きて考えるわが身はひとつなのだ。知性と直観とは、いつも同時に働く。知性は能動的に、直観は受動的に。受動のない能動はなく、能動のない受動もない。

ゆえに、科学者の知性もまた、経験の受動性に包まれている。彼は、その受動性から、初めの直観から出発するのだと言っていい。ベルクソンが言っていたように、数学に微分の表現を生み出したのは、宇宙の流動に対するこの直観だった。しかし、その直観は、現実の行動に向かって上昇し、必要な区分を受け、数による表現を生み、科学の能動に行き着いた。哲学者は、これとは逆の進み方をする。彼は、単に直観から表現に向かうのではない。むしろ、科学の表現にまで能動化された経験を、元の水底にまで押し戻し、そこにある持続の流動をついに摑み直すだろう。水面に浮き上がってくる科学と、水底に沈もうとする哲学とは、そこで対面し合う。

2　持続において思考する例（その二…「器官」の存在）

たとえば、魂は不死であるかどうか、というような形而上学の問いの出し方は、実際には何の意味も持っていない。そういう問いは、「魂」とか「不死」とかいうような、ありきたりの観念の遊びに終始する答えしか引き出さない。このような問題は、哲学者にも科学者にも共通する「経験」から正確に提出され直さなくてはならない。この「経験」の一切は、心と身体をもって生きている私たちすべてにいつも在る。科学者の知性による観察、分析は、このような「経験」から何を引き出しているか。哲学者にとって、まずこれを吟味してみることこそ、大事なことではないのか。任意の仮説をつないで建てられる形而上学の大理論などは、放り出しておくがよい。ベルクソンは言う。

事実を研究してみよう。もし、経験が、私たちの信じるように、意識ある生のわずかな一部分〔身体の行動〕だけが脳によって条件づけられている、ということをはっきりさせるとしよう。それなら、脳の消滅後も意識ある生が依然として存続することは、ありそうなことになるだろう。少なくとも、証明の責任は、存続を言う者のほうよりもはるかに、それを否定する者のほうにかかってくるだろう。問題になっているのは、生の存続だけである。私もそれを認める。もっと高い正確さに達して、この存続に終わりない持続を与えるには、今度は宗教から引き出されるほかの幾つもの論拠が必要になることだろう。しかし、純粋に哲学的な観点からでさえ、「もし」というようなことはなくなるだろう。人は、断言され得ることをきっぱりと断言するようになるだろう――形而上学の仮説に従うことなしに、と私は言いたいのだが。その断言が、蓋然的なものとして述べられるべきであっても、それでいい。第一命題は、決定的なものの美しさを持っていたが、こちらの命題は、単なる可能性の領域に吊されたままになっている。こちらのほうは未完成だが、現実のなかに、しっかりとした根を伸ばしているのである。（In-2, pp. 1288-1289)

肉体の死後も魂は存続するのか、こういう問題を空漠とした理屈でいくら論じ合っても意味がない。唯心論者は存続すると言い、唯物論者はしないと言う。みな、ただの仮説の上での話である。「事実を研究してみよう」とベルクソンが言うのは、実際そのことが可能だからだ。生理学は、意識の現象が大脳の働きと強く結びついていることを、観察と実験とによっていろいろに示している。特に、大脳生理学が失語症の研究から提出した観察結果は、重要なものではないか。こういう結果を吟味しないで、魂の不滅を説いたところで一体何になろう。

ベルクソンが精神の問題を扱う時の手順は、まさにこうしたものであり、それはまず限定されて記憶と脳の関係に、さらに限定されて「語」の記憶と脳内の「言語中枢」との関係に焦点が当てられる。そこには、大脳生理学が現に示している成果がある。大脳生理学は科学のひとつだから、外からの観察や数量の計測によって物質を扱うことが当然の本分である。脳は、まぎれもない物質であり、脳の研究は、こうした科学の可能な限り精密な観察にまかせられていい。

脳が記憶との間にとる関係についてはどうか。脳は物質だが、記憶はそうではない。記憶は精神の、持続の事実に属する。したがって、脳と記憶との関係を扱う科学は、問題の半分しか捉えることができない。そこでは、物質としての、あるいは身体器官としての脳の役割、機能だけが明らかになる。科学としては、それで充分ではないか。もし、この関係の全体を科学が扱おうとすれば、この科学は直観の方法を必要とするだろう。すなわち、脳と記憶との関係を「持続において思考する」やり方が必要になるだろう。それが依然として科学と呼ばれるか、身体哲学と呼ばれるか、そんなことはどうでもいいのである。

ところが、生理学は、たいていの場合、そういうことをしない。説明の便宜のために、一切を物質化したがる。この時、科学は、宇宙には物質現象しかないという、誰によっても決して実証されたことのない、おそろしく古い形而上学、唯物論を前提にして、自分の分析を進めるのである。これでは、正確な結果が導き出されるはずはない。

この前提に立てば、記憶は脳のなかに保存された物質的刻印のようなものであり、意識は脳内にある分子運動の副次現象になる。壁でマッチを擦れば燐光が発するように、脳内の分子が配置換えや再集結を行なうたびに、意識と呼ばれる火が生じる。実験、観察の方法がどんなに複雑化しても、基本の発想はそんなことにならざるを得ない。が、そうした発想のなかには、科学の実験、観察が確かめ得るものは何ひとつない。あるのは、唯物論という、まことに古い形而上学の仮説である。

たとえば、カメラや録音機のように、脳が知覚データを保存しているのだとしよう。記憶内容とは、そこに残された物質的刻印なのだとしよう。私は、ある人の顔や姿を覚えている。けれども、その人についての私の知覚像は、まさに無数にあり、限りなく変わる。自分の眼の玉ひとつ動かすだけで、変わるのである。それらの像が、みな脳のなかに刻印されているというのか。しかし、その人についての私の印象は、回想されれば、言わば統一された、何かひとつのものだ。その人がどんなにたくさんの姿勢をとり、たくさんの場所に、たくさんの衣装で現われようと、私には、統一されたその人である。そういう人間を捉えて引き出すのが、ほかでもない記憶の働きではないか。

記憶のこのような働きに対して、物質としての脳は一体何をしているのか。ベルクソンの回答は、実に明確なものである。脳は、身体器官であり、身体器官である限り、それは身体の行動のために用いられ、そのためだけに用いられると言っていい。ある人についての私の記憶像が統一され、ひとつの姿をとるのは、私の行動がそのような姿を必要とするからである。

行動の性質が異なれば、同じその人物は、私の記憶のなかで別の姿や表情のニュアンスをとって現われるだろう。もちろん、この行動は、現在すぐ行なわれようとするものであっても、遠い将来の可能性としてあるものでもいい。要するに、その記憶内容は、脳という身体器官を通して行動に結びつけられ、行動の要求によって、統一されたひとつの像を結ぶのである。

脳は神経組織のひとつだから、その在り方は、他のすべての神経組織と変わりがない。それはただ身体が形成する器官として、行動に関わっている。

このことに関して、『物質と記憶』で示された失語症の解釈は、有名なものだ。失語症患者が語の記憶を失っていくのは、初めは固有名詞であり、次は普通名詞、形容詞、副詞、動詞と、病気がまるで文法を知っているかのように進んでいく。これは、大脳生理学が仮定するような、脳の各部分への記憶の局在を証明する事実だろうか。逆である。失語症患者にあっては、脳の障害はどんな順序でも、どんな方向にも多様に進んでいく。にもかかわらず、失われる記憶の順序は一定している。「名詞」だの「形容詞」だのが記憶される場所が、脳のどこかにあるのなら、このことの理由はわからなくなるだろう。

ベルクソンの見方から考えれば、この事実は何でもない。脳は、行動に直接結びつく記憶内容であればあるほど、容易にその形成に手を貸す。「走る」という動詞は、走る行為によって表わせる。脳が支えるこの行為の図式に向けて、記憶は「走る」という語の一般観念とその発声図式とを生成するのである。人の名前となると、それを身体の行為で、身振りで表わすことは、ずいぶんと難しくなる。難しいが、脳はこの動作を何とか描き出そうとする。描き出して、その名前を発音する行為に結びつけようとする。脳のわずかな損傷が、それを妨げることは大いにあり得る。

身体器官である脳そのものは、考えも、感じも、憶えもしない。脳は、ただ考え、感じ、憶えられているものを、身体の行動に結びつける神経組織に過ぎない。この器官がなければ、私の考えは、外部の現実界と接点を持つことができず、外部への行動に決して結びつけられることがないだろう。脳が損傷を受ければ、思考や感情は、とりとめのない夢想のなかに漂うことにもなるだろう。脳は、思考が行動を準備し、選択し、実行するための身体器官だが、思考そのものの器官ではない。考え、感じ、憶えるのは、精神の仕事なのだ。

神経系の最上位にある脳がすることと、脊髄系統の反射運動との間には、程度の差しかない。ただ、前者はその組織の肥大化、複雑化に応じて、行動の多様な組み合わせ、その実行の無限の遅延を可能にさせるまでである。『物質と記憶』第一章が述べるところを聞こう。

ということは、神経系は、表象を作り出す機構も、準備する機構さえも一切持ってはいないということである。神経系の機能は、刺激を受け取ること、運動機構を登っていくこと、そしてこれらの機構の可能な最大多数を一定の刺激に対して示すことにある。神経系が発達するにつれ、絶えず複雑化していく運動のメカニズムを神経系が関係づける空間の諸点は、いよいよ数を増し、遠くにまで及ぶ。そのようにして、神経系が私たちの行動に残しておく自由は増大し、それこそが神経系の次第に進む完成である。しかし、もし、あらゆる動物の系統において、神経系が、次第に必然性の減っていく行動を目指して作られているのだとすれば、神経系の発達に応じて増大する知覚もまた、その全体が行動に向けられているのであって、純粋認識に向けられているのではないと考えるべきではないだろうか。そうだとすれば、この知覚自身の増大する豊かさは、事物への働きかけに際して、生物の選択に残されている未決定性の増大分を単に表わしているはずではないだろうか。(MM, pp. 181-182)

大脳は、最も複雑化した神経系であり、ほかのあらゆる神経系に対して中心の位置にある。したがって、大脳という神経系の最も大きな役割は、私たちの行動に選択や遅延の「自由（latitude）」を確保しておくことにある。大脳は、可能な運動の経路を錯綜した選択肢として形成し続ける。これによって、下等な動物では反射運動の「必然性」しかなかったところに「未決定性」を導入していくことができる。動物における神経組織は、行動のこの「未決定性」、言い換えれば「自由」を目指して形成される。脊椎動物の大脳は、そうした神経組織の最も高い水準を示すものだと言える。

脳は、目的もなしに作られた記憶の箱ではないし、わけもなく活動する分子運動の全体でもない。脳は、ほかの身体器官とまったく同じように、行動のためにあり、行動のために不断に形成されている。また、行動を目指して絶えず生成されるいろいろな記憶内容は、脳という神経組織を通して行動への経路を与えられる。脳と記憶内容は、行動を目指して相互形成されると言ってもいい。

脳の傷害がきっかけで、記憶内容がすっかり消失したかのようになってしまうのは、そのためである。記憶内容が脳内に残存する刻印であったり、脳の分子運動そのものであったりするのなら、記憶はその傷害とともに破壊され、二度と蘇ることはないだろう。が、実際には、記憶の全体はいつも脳とは別にある。すっかり消えたかのように見える記憶内容が、ちょっとした心的ショックで脳との接続を取り戻し、いっぺんに蘇る場合があるのは、当然のことなのだ。いろいろな記憶内容が蘇るとは、それらが行動のために再び使えるようになる、ということだろう。

脳の働きが表わすのは、記憶が行動に結びつけられる、その接合部分だけである。精神の働きは、オーケストラの奏でるシンフォニーが指揮棒の動きをはるかに超えているように、脳の作用をはるかに超えている。確かに、脳が働きを失えば、精神のオーケストラはばらばらな音を出すだろう。だからといって、楽音を発しているのは、脳という指揮棒ではない。

そんなふうに、脳という身体器官は、精神を行動に結びつける。これは、逆に言えば、精神は脳によって行動に向けられる、行動に向けて限定を受けるということでもあるだろう。その行動は、生活が維持され、発展していく上で有用な、功利的な行動である。脳は、精神を功利的なものに縛りつけるのだとも言える。この限定、束縛によって、私たちの思考は、持続よりも物質を、時間よりも空虚な空間を、質よりも数量を、変化よりも固定を、運動よりも静止を好み、選ぶようになる。

すると、こういうことになるだろう。私たちが直観によって持続を思考するのは、脳があるからではない。むしろ、脳があるにもかかわらず、持続を思考するのである。この時、脳は思考の「自由」を保証すると同時に、乗り越え難い思考の障碍物ともなっている。したがって、何ものかを「持続において思考する」とは、言わば脳の作用に抵抗して、それを突破して思考することなのだ。

3　器官としての「眼」

生物進化に関するベルクソンの哲学は、「器官」についてのこのような思考の線を、そのまま果てまで辿り尽くしたものだと言える。『創造的進化』（一九〇七年）のなかで、彼がひとつずつ慎重に検討していった幾つかの代表的進化論は、もちろんみな科学に属する。科学であるがゆえに、対象としての器官は、その物質的側面から強く思考される。科学的進化論は、器官を「持続において思考する」ことをしない。すると、どういうことになるか。

ここで、ベルクソンは「帆立貝の眼」という器官を例に挙げている。眼を対象にして科学が何かを言う限り、「眼」は多数の部品を持った驚嘆すべき機械としてしか現われない。眼の構造の複雑さと、生き物がものを〈視る〉行為の単純さには、何という大きな隔たりがあることだろう。しかも、この帆立貝の眼は、その構造において人間の眼と酷似している。何から何までが同じ部品構成を持っていると言っていい。この事実を、合理的に説明しようとすればするほど、科学的進化論の考え方は行き詰まる。

生物学が進化を説明するには、大まかに言ってふたつのやり方がある。ひとつは、機械論による説明、もうひとつは目的論による説明、またこれらふたつの合成型も考えられよう。機械論は、科学的進化論が最も好む、馴染みの説明方法である。それは、変化する外的な「環境」への生物の「適応」という観念を柱にして成り立っている。「適応」に成功したものは生き残り、失敗したものは自然淘汰によって消えていく。これが、発想の基本になる。外的な「環境」の変化は、生物にとっては自身のなかに起こる「偶発事」の限りない積み重ねとして現われる。「環境」への「適応」が、進化のなかでの「偶発事」の起こり方を決定していくだろう。「環境」を異にする生物の器官は、「適応」のたびごとにかけ離れていくと考えられなくてはならない。にもかかわらず、人の眼と帆立貝の眼との間には、信じ難い構造の類似があるのだ。ベルクソンは言う。

機械論が真実であると、しばらく仮定してみよう。その場合には、進化は互いに付け加わる一連の偶発事によってなされることになる。新たな偶発事は、各々淘汰によって保存される。その偶発事が、生物の現在の形態が表わすあの先行の有利な偶発事の総体よりも、有利であるなら。一体いかなる幸運があれば、付加される偶発事のまったく異なるふたつの系を通して、まったく異なるふたつの進化が、類似の結果に到達するというのだろうか。進化のふたつの線が多様化すればするほど、外的偶然の影響や内的偶然による変異が、それらの線に対して決定的に同一の器官を形成するなどということは、ありそうもない。分岐が生じた瞬間には、それらの器官は跡形もないのだとしたら、なおさらのことである。(『創造的進化』第一章、EC, pp. 540-541)

眼という器官を、諸部分で構成されたメカニズムとみなすなら、帆立貝の眼と人間の眼との類似は奇跡であり、驚異である。機械論が駆使する適応や自然淘汰の理論は、この事実を何ひとつ説明することができない。機械論に代えて、あるいはそれを補うために、しばしば持ち出される目的論の考え方ではどうだろう。目的論では、進化の原因に何か心的なもの、個体の内側から来る努力の発動のようなものを考える。たとえば、キリンの首が長くなったのには、その首を長くしたい、何とか長くしよう、とするキリンの努力が働いた、そんな考え方である。このような目的論は、機械論の硬直した「適応」説や、「自然淘汰」一辺倒の考えを部分的には補うが、とても進化の全体を説明し得る発想ではない。帆立貝が、人間と同じ構造の眼を得るためにした努力の堆積、などといったものは考えようもない。

ベルクソンが『創造的進化』で、「眼」という器官を考える時のやり方は、彼が『物質と記憶』で「脳」という器官を考えた時のやり方と、根本では同じである。だが、器官の発生という問題に関して、『創造的進化』の論法は、いっそう強い直観の推力を受けながら、実に驚くべきものに達している。

機械論の立場であれ、目的論の立場であれ、科学が進化の事実を説明する時にいつも捕えられる錯覚がある。それは、器官のなかに、あるいは生物体の秩序のなかに、「積極的な何か」を見てしまう錯覚である。ここに眼がある。何という複雑なメカニズムだろうと思ってしまう。観察は、あらゆる細部に対応して精緻を極めなくてはならず、それらのすべてが連動して果たす機能に達しなくてはならない。が、達してみれば、何のことはない、眼はただ物を視ているだけなのだ。

眼についての科学の観察には、何かしら根本における態度の誤りがある。純然とした物質の観察に際しては妥当だった態度が、器官の観察ではそうではない。大脳も眼も、確かに一種の物質であり、物質として取り出して、観察できる。好きなように分割もできる。けれども、これらの物質は有機化され、器官としての組織を持ち、身体の自発的な行動に密着している。つまり、物質のなかを持続が貫き、惰性的な物質の傾向は、持続の傾向に向かって大きく屈折している。あるいは、持続の傾向は、惰性的な物質の傾向のなかに深く入り込んでいる。入り込む時、物質の傾向のなかに、言わば持続が貫通させた持続自身の路ができる。それが有機物質としての器官である。

極端に言えば、器官は、持続あるいは生命が克服した障碍物の残骸を示している。持続の力や運動が、物質の抵抗を通して裏面から表わされる、そこに器官の形態が成立する。が、この形態は、持続が目指した目的ではないし、この形態の諸部分は、これらに対応する持続の諸部分など表わしてはいないのである。

眼が単なるカメラだとしよう。この機械のたくさんの部品は、それらを製造するたくさんの工程に対応している。観察するほど、この工程は複雑多岐にわたることがわかってくる。が、眼はカメラではなく、身体器官であり、器官である限り、自然はこれを形成するのに、私の腕が粘土のような物質の抵抗を貫いて一挙に振り挙げられる、そういう努力しかしていないだろう。腕が通過したあとの粘土のうねり具合を見て、その複雑に驚嘆したりするのが、私たちの観察的知性である。この知性が、器官の物質性だけを対象として働くものである限り、そうした間違いは避け難い。

このことに関し、ベルクソンは『創造的進化』でも『道徳と宗教の二源泉』でも、「鑢《やすり》屑《くず》」という巧妙な喩えを持ち出している。私が手に鑢を握って鉄を削るとする。深く削るほど、私の手も鑢も、鉄屑のなかに埋もれていき、鉄屑は山をなして動き続ける。山の形は、私の腕が動く都度変化し、変化がやむたびに、ひとつの安定を作り出すだろう。器官とは、このような安定にほかならないと、ベルクソンは言う。山の形のひとつひとつを作った原因は、なるほど私の腕の動きにあると言ってもいいのだが、私の腕は、これらの形を目指して動いたわけではない。

目的論者の誤りは、私の腕が山の形を目指しているかのように言うことにある。腕の動きと山の形とが、同じように分割できる諸部分で対応し、原因と結果の関係を作っているかのように。機械論者の誤りは、鑢屑の山が、無数の鉄屑の相互の物理的均衡から生まれるかのように言うところにある。ひとつの粒が別の粒に与える作用の全体で、山の形が決定されているかのように。いずれの場合でも、鑢屑の山は何か積極的な製作物だと信じられているのである。

帆立貝の眼と人の眼とが極度に「類似」している、という事実は、器官を「持続において思考する」態度にとっては、実に何でもないことだ。この「類似」の事実について、ベルクソンがどのように説明するかを聞こう。

手の努力が大きくなるほど、手は鑢屑のなかを遠くまで進む。しかし、手が止まる地点がどこであろうと、瞬間的かつ自動的に鉄の粒は均衡を作り出し、互いに調整し合う。視覚とその器官についても、同様である。視覚となる不可分な行為が遠くに進むにつれ、器官の物質性はそれだけ多数の、相互に調整された要素から成り立つようになるが、それでも秩序は、必然的に完全無欠であるほかない。秩序が部分的ということはあり得ない。なぜなら、もう一度言うが、その秩序を生んだ実在の過程は、諸部分を持たないからだ。これこそ、機械論と目的論とがともに顧慮していないことであり、眼のような道具のとてつもない構造に驚く私たちが、注意を怠っていることでもある。私たちの驚きの根底には、いつも次のような考え方がある。この秩序のほんの一部分だけが実現されてきたのだろう。その完璧な実現は、一種の恩寵である。この恩寵を、目的論者たちは、究極因によっていっぺんに頂戴してしまう。機械論者たちは、自然淘汰の結果によって、恩寵は少しずつ手に入るのだと主張する。だが、いずれの陣営も、こうした秩序のなかに何か積極的なものを見、したがって、原因のなかには何か区分できるもの、完成のあらゆる可能な度合を含んだものを、見ることになる。実際には、原因はさまざまな強さを持ってはいても、それはブロックをなして、完成された仕方でしか結果を生まない。この原因が視覚の方向に進んでいくに従って、これは下等な有機体の単なる色素の堆積をもたらすこともあり、セルプラの原始的な眼をもたらすことも、アルキオパのすでに分化した眼をもたらすことも、また鳥類の驚くほど完成した眼をもたらすこともあるだろう。だが、これらの器官は、その複雑さでは極めてまちまちであっても、必然的に同じひとつの配列を現わしているだろう。それゆえに、二種類の動物が、互いにどんなにかけ離れていようと構わない。双方で、視覚への歩みが同じ遠さに達していれば、そこには同じ視覚器官があることになるだろう。なぜなら、器官の形態は、機能がうまく行使された、その程度を表わすに過ぎないからである。(EC, pp. 576-577)

器官を作られた秩序と考えるなら、人間の眼は、奇跡であり、恩寵に見える。「下等な有機体の単なる色素の堆積」は、それに遠く及ばない秩序の原形に見える。けれども、あらゆる器官の秩序は、完璧なものだ。どれもこれもが、静止し、安定した鑢屑の山である。が、生物の器官では、この静止は見かけに過ぎない。鉄屑はいつでも動いていて、至るところに見かけだけの秩序を現わすのである。

4　進化の原因としての持続

生物進化に何らかの心的原因を見ようとする目的論の立場は、そこに物質的な因果関係しか見ない機械論よりも真実に近いと言える。ベルクソンは、そう考える。が、その心的原因は、生き物それぞれが持っている目的や思惑ではあり得ないだろう。帆立貝は、あんな眼になりたくて、努力の末にそうなったのではない。進化を引き起こす動因は、器官の製作などを目的とはしていない。進化の動因が、進化の道筋にふりまいていくさまざまな器官は、その動因が残した、ほとんど偶然の足跡だと言ってもいい。

ではなぜ、足跡は限りなく多様に変化していったのか。進化の動因は、つまり生の持続は、決して太い一本の道筋で、物質的傾向のすべてを貫いていくことができなかったからである。できれば、生物種はひとつでよかったことになる。その進化は、ひとつの生物種の生長、発展、成熟だけで済むことになる。だが、そうはいかなかった。物質を貫くための、すなわち物質を有機化するための生の力は、初めは大変弱かった。いろいろな性質の物質に、何とかして入り込む入口を探しまわらなくてはいけなかった。ここには、生が課せられた最初の問題があり、それへの最初の回答に、一体どれほどの時間を、持続の運動を要したか、考えれば気の遠くなる話である。

ひとつの問題は、幾つかの回答を生み、それらの回答はさらに分岐して、複数の問題を生んだ。問題とは、一体何だったか。まずは、生命の傾向が、物質の傾向を利用して、物質のエネルギーを生命のために使うことだったと言える。この問題に回答しなくては、生そのものの力は、あるかないかの微弱なものにとどまっただろう。

生は物質のなかに深く入り込むほど、その力を強大にする。それだけではない。強大にされたその力は、生から持続と自由を得るだろう。たとえば、筋肉のなかのグリコーゲンは爆発力を持った物質だが、この物質を内部で製造する身体は、爆発力を自分の好む方向に蓄積し、必要な時に爆発させる自由を獲得している。自由に爆発させ得る物質の力が、こうして出現してくる。強い爆発力は物質の傾向に、自由は持続の傾向に属する。

あらゆる生き物の身体は、生が物質のなかに入り込むやり方のひとつの回答例を示している。どのやり方がいいかは、すぐにはわからない。それどころか、生は無数の方向に分岐して、その回答例を増やし続けなければ、何がいいかという結論には達しない。まず、さしあたってあるものは、生はいかにして物質のなかに入り込むか、物質の力を手に入れるか、という問いだろう。この問いへの答えは、選択肢として与えられるものでは決してない。すべての答えは、根本から作り出されるものである。けれども、答えが作り出されるためには、問いもまた新たに作り直されなくてはならない。

たとえば、最も原始的で単純な生物から、植物と動物とが分岐してくる地点を考えよう。生が物質のなかに創造したこれらふたつの線は、ふたつの回答であると同時にふたつの問いである。ひとつの線は、生が物質のなかにいかに深く入り込んで、自足した安定を得るか、という問いを作った。もうひとつは、生が物質をいかに征服して、その力を利用する自由を得るか、という問いを作った。前者の問いに対して、生が最終的に創造した答えは、葉緑素による光合成だった。これが植物の線を発生させ、伸長させた。後者の問いに対して、生が最終的に創造した答えは、独立した神経組織による身体の行動だった。これが、動物の線を発生させる。

ふたつの線には、それぞれの欠点と長所とがある。生の本質が、自由な力の独立にあるとするなら、進化の主要な線を受け持つのは、動物のほうだろう。動物の長期にわたる進化を通して、あたかも植物は、それが体内に製造する栄養素で動物を養い、成長させる立場に追い込まれたかのようである。

動物は、さらに進化して脊椎動物と節足動物（昆虫類）の線に分岐した。独立した神経組織によって、より大きな行動の自由を得たのは脊椎動物のほうである。ここでは、進化の主要な線は脊椎動物にあり、節足動物は、本能で成り立つ集団回路のなかに、行動の自由を封じ込め、大きく制限したかのように見える。

このような観点から考えれば、進化の主要な線が、分岐を重ねながら達した最後の回答は、肉食哺乳動物の身体であり、さらに進んで霊長類、とりわけて人類だということになるだろう。人類において、神経組織はほとんど極限まで発達し、個体が物質の力を利用する能力、つまり〈知性〉は最高度のものとなり、人類全体の行動の自由は、計り知れない域に達し、その自惚《うぬぼ》れもまた、計り知れないところまで来たように思われる。

進化の諸線のなかに生じているものは、環境への物理的適応といったようなものでは決してない。諸線を生み出してきたものは、生の持続それ自体である。その力は、初めは微弱なものだったが、物質に入り込み、そのエネルギーを自分のものとするに従って、次第に巨大なものになった。

進化のあらゆる線には、それらが結果として、互いにどんなにかけ離れたものになっていても、元の同じ力が、同じ生の持続が見出される。持続は、〈環境〉への〈適応〉といったものによって、物質のなかに入り込みはしない。それが物質のなかに侵入するのは、創造される〈問題〉への、創造される〈回答〉によってである。

つまり、〈環境〉と〈適応〉の概念は、〈問題〉と〈回答〉の概念に作り替えられなくてはならない。でなければ、進化を「持続において思考する」こと、進化をあるがままの姿で説明することは、不可能である。帆立貝と人という二種の身体のなかで、たとえば〈視覚〉という〈問題〉とそれへの〈回答〉が、同じ強度によって生み出されるなら、双方の〈眼〉は結果として同じ構造になる。が、それは構造なのではない、同じ持続の力が、同じ強度で通過した物質的抵抗の痕《あと》である。

眼があるから物が視える、という考えは、たとえば、カメラがあるから写真が写る、というような事実の適用から来ていて、これほど普通に感じられることはない。常識はそう考えるほかない。が、哲学の直観は、この自明さに正確に逆らって働くのでなければ、単なる空想である。

〈視覚〉と呼ばれる行動の機能は、持続する生の力が求めに求め、ついに物質の抵抗を突破して獲得するものだ。この突破は、もちろん完全なものではない。むしろ、あまりにも限定されたものだろう。したがって、生き物は、眼があるから物が視えるのではなく、眼という物質の抵抗を突破して物を視ようとする、眼があるにもかかわらず物を視ようとする、と言ったほうがいい。〈心眼〉という言葉には、言わば生物学的な根拠がある。〈心力を尽くす〉という言葉にも、同じ根拠がある。「持続において思考する」者とは、自分に脳があるにもかかわらず、考えようとする者のことである。

器官は有機物だから、無機的な機械とは違う、そんなことなら一応誰でも言う。誰でも言うから、いや実は機械と同じだ、と言いたい人間もぞろぞろ出てくる。機械論に反対する目的論者も、その考え方の半ば以上は、機械論的である。目的論者もまた、製作物の企画、部品の製造、組み立て、という観点からしか器官を見ない。有機界を貫いて進化する力は、製品を作っているのではない。物質の抵抗に強く限定されながら、いつも自己自身を超えていこうとしているのである。その力の在りようは、器官の在りようとは一致しない何かまったく別なものである。

人によって製作された物は、それを製作する仕事の過程や内容と一致している。机という製作物は、机を作る仕事の全体を表わしている。ところが、どうだろう。

生命の進化においては、これと似たことは何ひとつない。ここでは、仕事と結果との間の不釣合は驚くべきものである。有機界の底辺から頂上に至るまで、あるのは常に唯一の大きな努力だが、しかし、極めて多くの場合、この努力は頓挫している。それは、ある時には、反対側の諸力によって麻痺させられ、またある時には、今為しつつあることによって、為すべきことから気を逸らせ、また自分が取ろうと執心する姿に夢中になり、鏡の前にいるごとくその姿に陶酔している。最も完全な作品群において、その努力が外的抵抗や自己自身の抵抗に打ち克っているように見える時でさえ、努力は自分に課さねばならなかった物質性の為すがままになっている。このことは、私たちの誰しもが、みずからのうちに経験していることである。私たちの自由は、絶えざる努力によって更新されるのでなければ、自由が歴然としているさまざまな運動のなかにさえ、自由を窒息させる習慣の萌芽を次々に作り出す。自働性が自由の隙を窺っている。最も活き活きとした思考が、それを表現する定式のなかで凍りつくことがあるだろう。言葉が観念を裏切る。文字が精神を殺す。そして、私たちの最も激しい熱情も、行動となって外に表われれば、時として、利害や虚栄の冷ややかな計算に、ごく自然に凝固する。前者は、いともたやすく後者の姿をまとう。そのために、私たちは両者を混同し、私たち自身の誠実を疑い、善良と愛とを否定するようになるかもしれない。もし、私たちが、死者もまだしばらくは生ける者の諸特徴を保っていることを知らないなら、そういうことになるだろう。（EC, p. 603）

哲学が捉えるべき物質と生命との二傾向は、宇宙の全体を満たしきり、不断に運動し合っている。このことは、宇宙についての形而上学の口先の思弁から言われるのではない。自分のなかを絶え間なく貫く二傾向の運動から、その運動についての痛切な経験から、実は具体的に、少しずつだがはっきりと確証され得ることである。心の推移や動揺、知覚、記憶、器官の在り方、また日々の暮らし、暮らしを襲う世の変化、そういうもの一切の経験から、「持続において思考する」哲学は、いやむしろ「持続において思考する」生き方は、鍛え上げられるのでなくてはならない。

第Ⅶ章　持続が目指すところ

1　飛躍の結果としての人類

『創造的進化』の叙述に従っていけば、生物進化の先端にあるのは、霊長類たる人間の「知性」だということになる。動物が行動する原理は、進化のある時点で脊椎動物の「知性」と節足動物の「本能」に分岐した。もちろん、進化を引き起こす生の力はひとつのものだから、このような二方向への分岐はあくまでも相対的なものである。脊椎動物のなかにも「本能」の強い働きが残存し、昆虫類にも「知性」の萌芽が観て取れるような〈行動への逡巡〉がある。

確かに、「知性」は、脊椎動物の脳を頂点とした神経組織が可能にさせる認識＝行動能力だと言える。が、ベルクソンの述べる「知性」は、脳という身体器官の産物ではない。「知性」は「本能」とともに、持続から分岐したひとつの「回答」、物質のなかでいかに生きるか、という問いへの生の「回答」である。脳を持たない昆虫類にも「知性」という生の傾向はある。ただ、この傾向は、昆虫類では「本能」という別の傾向によって支配され、しかるべき器官を生み出すには至っていない。

脳の発達した哺乳動物でも、「知性」はまだ完全に「本能」に取って替わっているわけではない。犬がどんなに生まれつきの「本能」に従って行動するかは、誰でも知っている。そこでは、まだ相変わらず、生の自由ではなく、物質の必然がついてまわっている。が、犬にも犬なりの推論、予測、逡巡、判断といったものがあることも、私たちは見て、明らかに知っているだろう。

「知性」が「本能」を完全に制圧したように見えるのは、人間種においてだけである。人間に至って、「知性」は初めて「本能」から独立し、「知性」それ自身の領域を物質のなかに意識的に確立できるようになった。ほかの哺乳動物では、意識は、まだ物質のなかに自分が作り出した行動のための機械装置に拘束されたままである。人間だけが、その段階をひとつの飛躍によって超えた。人間だけが、自分の機械によって繰り返し行動するだけでなく、その行動機械を自由に、自分の気に入るように使用することができるに至った。何が起こったのだろう。これを考えようとしたら、人間における脳の非常な発達と、言語の出現とに目を向けざるを得ない。ベルクソンは言う。

そうした成果を、人間はおそらくその脳の優越性に負っている。脳は、人間に一定数の運動機構を作り上げることを可能にさせ、新しい習慣を絶えず古い習慣に対抗させ、自動装置を自己分裂させることによってその装置を支配させる。また、そうした成果を、人間は自分の言語に負っている。言語は意識に非物質的な身体を与え、意識はそこで受肉する。そうやって、言語は意識がひたすら物質的な身体の内に置かれることを免れさせる。さもなければ、物質的な身体の流れは、まず意識を押し流し、たちまちそれを呑み込んでしまうことだろう。また、そうした成果を、人間は社会生活に負っている。社会生活は、言語が思考を収蔵するように、さまざまな努力を収蔵し、保存する。このことを通して、社会生活は平均的水準を固定し、諸個人はその水準まで一気に自分を高めなくてはならなくなる。そして、この最初の刺激によって、社会生活は凡庸な者たちが眠り込むことを妨げ、最上の者たちがさらに高くへ昇っていくことを後押しするのである。しかし、私たちの脳、社会性、言語は、唯一にして同じものである内的優越性の外面的なあれこれの徴《しるし》にすぎない。これらは、みなそれぞれに、生命がその進化の一定の時期に勝ち取った唯一の例外的な成功を物語っている。それらが表わしているのは、人間とそれ以外の動物とを分離させる性質の差異であって、単なる度合の差異ではない。それらは、私たちに次のことを垣間見《かいまみ》させる。生命が、その跳躍を行なってきた広いスプリング・ボードの端で、もし、ほかのすべての動物たちが、余りに高く張られた綱を見てボードを降りてしまったのだとすれば、人間だけがこの障碍を跳び越えたのである。(EC, pp. 719-720)

ベルクソンは、人間の脳と、ほかの脊椎動物の脳との間にある「性質の差異」を強調する。人間の脳であれ、ほかの動物の脳であれ、それが行動のための神経組織であること、それが身体に運動機構を作るためにあることに変わりはない。けれども、人間の脳が作り出すことのできる運動機構は無限にあり、ほかの動物が作り得る運動機構の数は限定されている。無限と有限との間にある違いは、「度合の差異」ではなかろう。それは、「性質の差異」だと言わなくてはならないのである。

実際、ここには、生が行なったひとつの大きな飛躍がある。生物進化は、あちこちに、飛び飛びに起こる、こうした「生の飛躍《エラン・ヴィタール》」なしには成し遂げられないような、発達の特異点をいくつも経ている。脊椎動物のなかでの人間種の出現には、これがあった。が、この飛躍は、脳のような一器官に起こった「突然変異」とは違う。多くの生物学者が、「突然変異」という説明を好むが、その学説は、結局のところ目的論の幼稚さを回避する以外の効用を持たないだろう。器官の「突然変異」にもかかわらず、身体が機能障害を引き起こさなかったのは、その変異が、環境に適応できる範囲のものだったからではない。変異そのものが、生に課され続けた「問題」への根本的に新しい「回答」として作り出されたからである。

人間の脳が、ほかの脊椎動物の脳に対して持つに至った「性質の差異」は、脳の特異な発達というようなものによっているのではない。持続が生み出す「生の飛躍」によっている。脳の発達は、その結果に過ぎない。あるいは、物質に残されたその痕跡に過ぎない。脳だけでなく、この飛躍の成就によって、おそらく言語が、また人間の社会生活が、出現するようになった。「脳、社会性、言語は、唯一にして同じものである内的優越性の外面的なあれこれの徴」である。この「優越性」は器官にあるのではない。生が創造した「問題」への「回答」そのものにある。

「問題」と「回答」とは、ほとんど同時に創造される。が、この「問題」は、「問題」自体の長い時間を経た系列のなかで、ついに作り直されたものである。生はいかにして物質のなかに入り込むか。生の自由は、いかにして物質の機械的エネルギーをわがものにし、貯え、機に応じて爆発させることができるようになるか。問題の大筋は、このようなものだった。大筋は無数の問題に分岐し、作り直され、無数の回答を生んだ。これらの回答は、至るところで壁にぶつかり、進む力をなくし、また袋小路に入り込んだ。結果として、生の持続は、物質の必然性、機械性、反復性のなかに停滞している。

植物には、植物の停滞があり、昆虫には昆虫の停滞がある。このことは、知性を与えられた多くの脊椎動物でも変わりない。停滞とは、どういう意味か。生が有限の回路のなかに閉じ込められ、新しいものの創造が、原理として不能になっていることだろう。もちろん、生の反復は、何であれそれ自体のなかに新しさを作り出す。まったく同じことを二度やっても、二度目は、それが二度目だという、その事実だけで、一度目に新しいものを付け加えることができる。そのような反復にも、やはり生の持続があると言える。

けれども、持続はそこで閉じられている。そこでの反復は、生よりもむしろ物質を模倣するようになる。その模倣のなかに、意識を眠り込ませてしまう。人間種の「内的優越性」

は、この壁を破った時に一挙に獲得された。破った時、特異化した脳、言語、社会生活の三つが、「内的優越性」の「外面的なあれこれの徴」として現われてきた。この徴は、徴に過ぎない。大切なものは、「内的優越性」が発揮する創造の力である。この「内的優越性」が単なる自働性に転落したあとも、脳、言語、社会生活という徴は、消えずに残る。残ったおかげで、人間種が新たに入り込んだ進化の袋小路は、また大変厄介なものになっているのだが。

しかしながら、人間種が成し遂げた進化のなかには、それまでの生物種には決してなかった、どこか本質的な成功が含まれている。それは、人間種の在り方、その行動、その意識を、どこまでも可変的なものにした。人間に至って初めて、知性による知性の改変が、どこまでも可能なものになったのである。言い換えれば、知性は自己を振り返って反省するものになった。それは、目前の行動だけに縛りつけられた能力ではなくなった。また言語によって、人間の意識は事物からその観念へと拡張されるようになった。事物は、身体によって働きかけられるだけでなく、観念によって反省される対象にもなった。

反省する知性は、実際的に有用な努力とは別に、費やすべき力の余剰を持っていた知性である。それは、すでに潜在的には、自己自身を再征服していた意識のことだ。しかし、それでもなお、潜在性は行為へと赴く必要がある。おそらく、言語がなければ、知性は考えるのに益のある物質的対象だけに釘づけになっていたことだろう。知性は、自己自身の外に出て、夢遊病状態を生き、自分の仕事で麻痺していたに違いない。言語は、知性を解放するのに大きく貢献した。実際、語は事物から事物へと進むように作られており、これは本質的に移動可能であり、自由である。したがって、語は、知覚された事物から、この事物についての記憶内容へ、明確な記憶内容から、移ろいやすい映像へ、移ろいやすくはあるが思い浮かべられている映像から、その映像を思い浮かべる行為の表象へ、つまり観念へと拡張されることが可能だろう。このようにして、内的世界の全体が、これ固有の諸作用の光景が、外側ばかり見ていた知性の目に対して開かれる。そもそも、知性はこの時をこそ待ち受けていたのである。知性は、語がそれ自身ひとつの事物であることを利用して、それによって運ばれながら、自己自身の仕事の内部に入り込む。なるほど、知性の第一の職分は、道具を製造することだった。この製造は、対象とするものの寸法に正確に合っていないような幾つかの手段を用いてのみ可能である。これらの手段は、対象をはみ出していて、それゆえにこそ余分の、すなわち利害のない仕事を、知性にさせることができる。知性が、みずからの歩みを省みて、自分は観念の創造者、表象能力一般なのだと気づけば、その日から、知性が観念を持とうとしない対象はなくなる。たとえその対象が、実地の行動には直接関係のないものであっても。知性だけに探究できるものがいろいろある、と私たちが前に述べていたのは、このためである。実際、知性だけが理論を気にする。しかも、知性の理論は、何でも抱え込みたがる。知性が本来働きかける原物質（la matière brute）だけでなく、生命や思

考までをも抱え込みたがるだろう。(EC, pp. 629-630)

「原物質」とは、宇宙の生命的傾向から引き剝がされた物質的傾向のことである。それは、なまの、未加工なままの物質という意味ではない。むしろ、知性が行動のために抽出する純然たる物質の傾向のことを言う。知性がなければ、「原物質」が抽出されることはない。言語を伴う人間の知性は、このようにして抽出したものを、観念として保存するし、その観念をほかの観念と限りなく複雑に関係づけることもする。こうやって、知性は目前の行動から解放された一般観念の作り手になり、観念についての観念も際限なく作り出すことができるようになった。つまり、人間の知性は、他の動物の知性にない「自由」を手に入れたことになるだろう。

すでに述べたように、このような「自由」は、生物進化の途上で、本能から分岐した知性の線が、そもそも目的としていたことだった。本能の線が目指していたことは、生の保全であり、行動の安定であり、危険な闘争の回避だっただろう。その線に進めば、停止点はすぐにやって来る。「生の飛躍」は、その地点で袋小路に入り込む。人間の知性は、生を不安定にし、独特の大きな危険を冒すことで、ついに無限に進み続ける自由を得たのだと言える。しかし、ここに進化の最後の成功があるとは、まだとうてい言えない。言えないことを、人は認めるほかないだろう。

2　直観と本能

若いベルクソンが哲学の世界に入り込んでいったのは、すでに述べたようにハーバート・スペンサーの進化哲学がきっかけだった。哲学嫌いのこの明敏な若者が、スペンサーだけを例外扱いしたのは、彼の叙述が、生物学によって観察される事実を基礎としていたからである。この基礎がある限り、彼の「総合哲学体系」とやらも少しは信用できる。そんな予想があった。やがて、ベルクソンを驚愕が襲った。生物学の進化説には、時間を扱う方法がない。ないだけでなく、時間を空虚な空間に、変化や運動を状態の並置にすり替えることで、生物学のすべての言いまわしが成り立っている。スペンサーの大哲学は、それを少しも是正しない。そうした言いまわしの上に立ち、悠々と諸事実を眺めわたして、体系の建設に余念のない様子である。

生物学が自然科学であり、その本領が「原物質」の計測にある限り、生物学の説明法は少なくとも半分は認められていい。この世の半面は、物質で成り立っているのだから。スペンサーの進化哲学がなすべきことは、あとの半面を、進化事実の全体のなかで考え直すことだったろう。生物学と進化哲学の間には、しかるべき分業と協力とが当然ある。なくてはならない。スペンサーは、それを怠っている。彼の語り方は、ある時は生物学者ふう、またある時は遠大な「総合」を誇る形而上学者のものである。

一般に、生物学者の沈着と誠実に較べれば、形而上学者が偉そうに大風呂敷を拡げるさまは呆れるべきものだ。しかし、ここで驚かされることは、揃って両者が、時間を扱う思考や表現の方法を欠いていることだった。形而上学者の知性は、まがりなりにも科学者の知性から派生していると言える。その科学者の知性は、生活者の知性から派生している。その知性の元を辿っていけば、動物の行動能力にある「本能」と「知性」というふたつの傾向の分岐点まで行くだろう。

知性は、行動の能力であり、行動のために知覚し、記憶し、分析し、判断する能力である。この能力が、運動を静止に、変化を状態の並置に、時間を空虚な空間に、細かな差異を大雑把な同一性に絶えず置き換えるのは、すべて行動の便宜による。このことは、動物の知性一般に当てはまるだろう。もっとも、動物の身体は種によって異なるから、行動の能力も、知覚機能も、記憶内容の在り方も異なる。が、動物の知性が、時間を、持続を、生そのものの変化を顧慮しない性質のものであることに変わりはない。本能の全体が、これとはまったく異なる能力として成り立っている。

本能は、〈見つけるが探さない〉。知性は、〈探すが見つけない〉。これは、ベルクソンの好んだ言い方だが、動物の本能が見つけるものは、言わば自然と自分との間を貫く生の回路だろう。本能は、動物の身体が絶えず自然の一部分として働くことを求め、その働きに達する。知性は、動物の身体が、言わば自然の流れから外れて、それを観察し、計測し、自分向きの物に加工し、そのための道具を作り、道具を作る道具をも作り、限りなく進んでいく。

進むほど、その歩みは本能を離れて、自由の度合を増す。けれども、知性が、自然そのものに直接に接触することはないだろう。知性がすることは、いつも自然をめぐっての有用な何事かだろう。〈探すが見つけない〉知性の能力が、ここにある。

こんなふうに、知性と本能とは、動物がいかに生きるか、についてのふたつの回答の線だが、脊椎動物では、人間も含め、ふたつの線はいまだに共存、競合している。本能がすでに見つけたものを、知性は探そうとしない。知性が探しているものを、本能は見つけようとしない。だからこそ、ふたつは補い合って、共存することができるのだとも言える。極度に強力な本能は、知性の出番をほとんどなくさせるし、極度に発達した人間の知性は、本能の出番をほとんど消滅させている。

ベルクソンが言うように、人間の知性において起こった「生の飛躍」は、知性を眼前の功利的行動から解放した。この時、人間種が跳び越えた障壁は、実に大きなものだった。この跳躍は、人間の意識を意識自身の方向に向かわせ、そこに、行動から切り離された〈内面性〉の領域を作り出させた。知性が、役にも立たない思弁を存分にふるって、大形而上学を構築できるようになったのも、この跳躍のおかげだと言っていい。

けれども、知性という能力が、有用な行動のため、生存上の利益のためにあることは、依然として変わりがない。人間の脳、言語、社会生活は、この目的のために用いられる時にこそ、うまく働くようになっている。いや、働き過ぎると言えるだろう。これら三つは、知性の用にとっては切れ過ぎる鋏か包丁のようなもので、切らなくてよいものまで、何でも切ってしまうようになった。これによって、人間の生は、新たな危険を抱え込むことになる。危険は、私たちの外にも内にも生まれてくる。人間にとって、他の人間は何をしでかすかわからない最も危険な生き物になった。人間同士の争いは、他人への疑念そのものによって、いとも簡単に、しかも恐ろしく広範囲に、長期にわたって引き起こされる。言語によって囲い込まれた人間の〈内面性〉は、現在への不満や先々への不安でいつも揺れ、不必要に膨張し、自己自身を苦しめる最大の要因になっている。

人間の知性は、計算によって、次々と便利な道具を作り出した。科学は、初めは道具の発明、製作のために生まれている。人間の知性によるこの製作技術、科学技術は、伝達も蓄積も極めて容易で、たぶん際限なく発達し、拡大していくだろう。しかし、この進歩には、人間だけが抱える〈内面性〉の揺れや膨張が、いつも伴っていくことになる。とんでもない妄想や敵愾心から用いられる科学技術が、どんな働き方をするものか、人類はすでにいやというほど知っている。

一種の「生の飛躍《エラン・ヴィタール》」によって達成された人間の知性という能力は、生物進化の先端にあるとは言えるだろうが、進化に最後の成功をもたらしているとは、およそ言い難い。進化の線を辿れば、この巨大な運動が何を求めているかは、だいたい察しがつく。それは、潜在的な生の力そのもののうちに、方向を持っている。その方向は、内部で無数の分岐を続け、無数の失敗を重ねてきたが、その全体は大きなひとつの方向を示していると言ってもいい。『創造的進化』という著書の題名は、すでにその方向を示唆するものだった。生物進化とは、生による生自身の創造の努力なのである。

この創造は、宇宙のなかの物質的傾向を利用することなしには、為され得ないだろう。物質的傾向には、創造することと反対の性質がある。それは、反復され、惰性化し、質の変化なしに分割され、累積していく。が、生はこの傾向なしには、生自身を超えていくことができないだろう。「創造的進化」の全体が示す巨大な方向は、ここにあると言えるのではないか。それなら、人間の知性という能力が到達している場所は、決して最後のものなどではない。知性はまだ、物質的傾向の反復や惰性を充分には克服していない。むしろ、そのなかに捕えられ、それと性質を分かち合っている。知性が人類自身にもたらす危険は、そのことから来ると、言わなくてはならないのである。

しかし、ベルクソンの哲学が、生物学の提起する進化論と連れ立って歩くのは、ここまでだろう。生物界には、人間の知性以上に進化した能力を持った生物は、まだ出現していない。しかも、この〈知性〉は、ベルクソンから見て危険な袋小路に入り込んでいる。生が持つ持続の力は、ここを突破することができるだろうか。

ところで、ベルクソンが哲学の方法とした〈直観〉は、常識や科学が用いる〈知性〉とは、異なる精神の能力だった。決して敵対はしないが、大いに異なっている。知性とは、物質を対象として働く行動の能力である。行動を目指すから、何より宇宙のなかの物質的傾向に着目すると言ってもいい。行動は、まず身体のもの、身体は物質に働きかける一種の物質性である。だから、身体による知覚とは、物質に対する知覚であるほかない。眼は物体を知覚させるが、精神を知覚させはしない。また、眼が知覚させる物体は、その眼を備えた身体にとって、行動上都合のいい物質の一側面になっている。知性は、そういう知覚と強く結びついて離れることがない。

直観はどうか。直観もまた知覚の能力だとしよう。この知覚は、〈精神による精神の知覚〉を与えるものだと言っていい。あるいは、持続による持続自身への直接の接触をもたらす。このような知覚は、私たち自身がロボットのような機械仕掛けでない以上、あるほかないものだ。それは、時として行動にとって不利なものになることもある。けれども、人間は、この〈知覚〉を、〈直観〉を持つだろう。

〈直観〉という能力を、生物進化の過程のなかで捉えれば、これは人間の〈知性〉と並行して進んできたように見える。すでに述べたように、人間の知性と、他の動物の知性との間にある差異は、「度合の差異」ではなく「性質の差異」である。そこには、「生の飛躍」によって確定した決定的な違いがある。有限にとどまるものと無限に伸びていくもの、閉じられたものと開かれたものとの違いがある。

人間の〈知性〉が「生の飛躍」によって獲得したこの開かれた性質は、人間のなかに残存し、深く埋もれていた本能にも根本的な変化をもたらしたのではないか。脊椎動物のなかに常にあった〈知性〉と〈本能〉の二傾向は、人間にあっては開かれた〈知性〉と開かれた〈直観〉の二傾向に次元を引き上げられたのである。動物において獲得された〈本能〉、在るものとの直接の、しかし閉じられた接触能力は、人間のなかで一挙に開かれ、拡大し、〈直観〉の次元にまで飛躍した。これは、生物学のデータが作る膨大な「事実線」の示す方向を、言わば逆向きに辿っていくなら、大いにありそうな真実だと、ベルクソンは考える。哲学が語れる真実は、いつも、諸事実の集まりが少しずつ確かめさせる「蓋然性」の高まりのなかにしかない。

『道徳と宗教の二源泉』（一九三二年）の第三章で、ベルクソンは言っている。「私たちが生の飛躍や創造的進化の考え方に達したのは、生物学のデータをできるだけ注意深く追ってみることによってだった」（DS, p. 1186）。ここから出てくる考え方は、形而上学の根も葉もない独断とは何ら共通性を持っていなかった。「生の飛躍」という考えは、「諸事実のひとつの凝縮であり、いろいろな要約のさらなる要約」（DS, p. 1187）として取り出されたものなのである。

では、飛躍《エラン》はどこから来たもので、その原理は何であったか。それは自足しているとしても、それ自身において一体何であるか、またその現われの総体に対して、どのような意味を与えるべきか。こうした問いに、検討された諸事実は、何らの答えももたらさなかった。しかし、回答がやって来ることのできそうな方向は、実にはっきりしていたのである。物質を貫いて進むエネルギーは、意識以下の、あるいは意識以上の何か、ともかくも意識と同じ種類に属するものに、私たちには見えた。このエネルギーは、たくさんの障碍を迂回し、身を縮めて通過し、とりわけ進化の分岐する諸線にみずからを配分しなければならなかった。このエネルギーが、物質化するために振り分けられた認識のふたつの様態があり、それらは、昆虫の本能と人間の知性とであるが、最終的に私たちがそれらの様態を見出したのは、主要なふたつの線の極点においてだった。本能は直観的であり、知性は反省し、推論するものだった。なるほど、直観は、本能となるために下落しなければならなかった。直観は、種の利益の上で麻痺し、意識で保持していたものについては、夢遊病的形態をとった。しかし、動物の本能の周囲にもわずかな知性が残存していたのと同じように、人間の知性もまた直観の後光を背負っていた。直観は、人間にあっては、まるごと無欲なままで、意識を持っていた。だが、それは微光に過ぎず、余り遠くには投射されていなかった。けれども、生の飛躍の内側が、その意味が、その目的が、もしかつて照らし出されたことがあったはずだとすれば、光はこの直観から来ているだろう。なぜなら、直観は内部に振り向けられていたからである。またもし、直観が、最初の強化によって、私たちに自分の内的生命の連続を捉えさせるなら、また、たとえ私たちの大多数がそんなに遠くへは行かないとしても、ひとつの高度な強化が、直観を私たちの存在の根底にまで、またさらには生一般の原理にまでさえ、おそらくは連れていくだろう。神秘的魂は、まさにこのような特権を持っていたのではなかったのか。(DS, p. 1187)

「神秘的魂」とは、歴史中に出現した宗教的「神秘家」たちのことを言う。彼らが何かしら特権的な人間であったとすれば、その特権は、「高度な強化」によって引き上げられた「無欲な」直観を持っていたところにある。このような直観は、高められた知性ではない。「高度な強化」を受け、すっかり無欲なものになった本能だと言える。

3　潜在的本能による仮構機能

だが、「神秘的魂」を語る前に、人間の本能について、また別の諸事実から確かめておかねばならないことがある。

人間のなかにも動物本能の残滓は、むろんはっきりとある。たいていの親が子に向ける無償の気遣いとか、人が社会的な群れに従う習性とかのうちには、〈本能〉を持ち出さなくては説明できないものがいくらもある。それは、人間の知性をぼんやりと取り囲む本能の残滓だと言ってもよい。知性は、個体のなかに生じ、個体の能力として発達する。けれども、動物が群れとして、あるいは協同し合う生命としてしか生きられないという真実は、人間の世界にも厳然として根を張っている。

それは、生物進化を推し進める持続の力が、ただひとつのものであることによるだろう。動物は、生きようとしてさまざまな個体に分裂し、知性によって自分の利益を懸命に求めるが、生そのものは、いつも全体の運動のなかにある。群れからはぐれた蟻が、そのことだけで衰弱して死ぬように、誰からも共感されない人は、すっかり気落ちして、しばしば死病に取り憑かれる。個体の行動に極端に集中する知性という能力は、生の全体に対しては、牙にも、毒薬にもなることがある。個体の知性ほど、生き物の群れを破壊するのに強力なものはない。

　ところで、生物種とは、進化がその運動に行き詰まった時に生まれる一種の停止点である。それは、達せられた均衡であると同時に、行き詰まりによる停止点でもある。飛躍し過ぎた人間の知性は、その自分勝手な振る舞いで群れの自然な秩序を破壊し、それによって個体の生存そのものさえも危うくしてしまう。本能に較べれば、人間の知性には、生への執着というものが、時としてないかのように見えるのである。

　その上、言語を手に入れた知性は、行動を無限に延期されて自由になった観念の表象を、自在に操れるようになった。こうした諸観念は、元は行動の有用性や便利さから生まれたものだ。だが、これらは、まるでそんなこととは無関係であるかのような顔をして、純然とした思考の道具になる。それは、元の役割をすっかり逸脱して、人間種にとって、無用で危険な装置までをも次々に作り出す。

「死の観念」などは、そうした装置の典型例である。人間は、この観念によって、自分の行く末には必ず死があることを認めるようになった。自分のあらゆる努力は、結局は苦しい、悲惨な死によって終わるのだと、そうはっきりと考えられるようになった。この考えくらい、人間種の気力を殺《そ》ぐものはない。生の努力を萎えさせるものはない。

「宗教」と呼ばれているものは、まずは知性の勝手な振る舞いから種の生存に必要な群れを防衛するためにある。知性が孕む生への危険を、その程度や範囲を、功利的な知性は明瞭に予測し、事前に手を打とうとする。多様な「宗教」が発するたくさんの言葉は、そうした知性の計算から生まれてくると言ってもいいだろう。が、それだけではない。

人間種の群れを、社会化された共同体を守ろうとするのは、知性の打算によってだけではない。生き物に対する自然の要求が、共同体を守ろうとする。完全に単体であるような生物は、単細胞生物を除けば生きていないし、この生物のなかにさえ分裂へと傾斜する運動が絶えずある。要するに、生命が物質に入り込んで生きることは、その物質とともに生が分裂し、さまざまな次元で多数化し、それらのなかに動的な秩序を作り続けることである。個体が多数の細胞で成っていることは、その個体がまた多数の個体と一緒に生きていることと並行している。蟻の群れは、それ自体がひとつの生物体のように働き、一匹ずつの蟻は、巣を支える細胞のように動く。ここには、本能的な生命の最終段階がある。

人間が共同体を、人間が属する群れを守ろうとするのは、根底的には自然の要求であり、この要求は、人間のなかにある一種の本能を通して働きかけてくる。人間に「宗教」が不可避なのは、このためにほかならない。

動物は、「宗教」を持たない。「宗教」を自然から要求されているのは、人間だけである。それは、人間の知性が、本質として、群れを否定し続ける行動能力だということによる。人間の知性は、共同体の束縛を嫌って、その秩序を破壊するに至る。また、死の観念を作り上げて、個人を意気消沈させ、やはり共同体を無力化させてしまう。宗教は、生に対するこうした知性の攻撃から、人間を防御するために生まれてくる。生まれてくるのでなくてはならないだろう。それを求めているのは、自然であり、自然から人間のなかに流れ込んでくる「本能」である。この「本能」は、昆虫類のなかで完全に現実化し、安定して機能する本能とは違っている。この言わば宗教的な「本能」を、ベルクソンは、『道徳と宗教の二源泉』のなかで「潜在的本能」と呼んでいる。

なぜ「潜在的」なのか。この「本能」は、人類の諸宗教が生み出すさまざまな物語の底の底で、ひとつの原動力として絶え間なく働いているからである。その力は、ベルクソンが「仮構機能」と名づけるものを人類に与えている。宗教が作り出すさまざまな物語は、それらがどんなに多様であっても、ひとつの「本能」から来るひとつの目的を持っている。それは、生に対する知性の攻撃から人間を守るためにある。それを可能にしているものは、「潜在的本能」による「仮構機能」である。

ここから生まれる物語は、まさに無数に分岐していて、そこには比類なく優れた言語表現から、口にするのも憚《はばか》られるような恥知らずの虚構までが出揃っている。だが、根底で大きく共通するのは、ひとつには生の連帯を称えること、もうひとつには死後の安心を唱えること、ではないだろうか。

人類の「仮構機能」は、知性において飛躍した人間が、本能においても、どうしても達成しなくてはならなかったもうひとつの飛躍を表わしている。「仮構機能」は、心理学者が気軽に「想像力」と呼んでいるものとは、まったく違う。それよりはるかに根底的な機能と目的とを持っている。たとえば、「文学」は、想像力などという気まぐれで個人的な能力の産物ではない。仮構機能が引き受ける宗教的作用から、少しずつ、長い時間を経て自立していったものにほかならない。ベルクソンは言う。

小説も戯曲も神話も、神話に先立つ一切のものも、この機能から起こっている。だが、小説家とか劇作家が、いつでもいたわけではない。これに反して、人間は、宗教なしには決していられなかった。したがって、あらゆる種類の詩や幻想作品は、精神に作り話ができることを利用して、余分にやって来たものだが、宗教は仮構機能の存在理由だったと言えるだろう。宗教に較べれば、この機能は結果であって、原因ではないのだ。
（『道徳と宗教の二源泉』第二章、DS, pp. 1066-1067）

たいていの人間は、文学などなくても充分に生きていけるが、宗教なしにはやっていけないだろう。それが宗教の名で語られるかどうかは、重要なことではない。「宗教」と呼ばれる「仮構機能の存在理由」が、人間には必ずあり、これによって私たちは物語を、虚構の言葉を語り続ける。この物語が、人間の生に対してどんなに大きな力を振るうかを、私たちはよく知っている。「仮構機能」は、知性を異常に進化させた人間にとって、欠くことのできない生存条件になっている。人間種における「潜在的本能」のほとんど全重力が、この「仮構機能」の上にかかってくると言ってもいい。神話、伝説、民間伝承は、「潜在的本能」に深く根づいている人間の生存能力が、やむことなく生み出すものである。人間の知性は、この能力と争うどころか、仲良く同居していかなくては生き延びられない。「文学」は、こうした同居のひとつの立派な例になり得る。物語のなかに人物を創造する能力——

これは、小説家や劇作家においては異様な生の強度を持っている。彼らのなかには、彼らが創作した主人公に、ほんとうに取り憑かれている者がいる。彼らが主人公を導いているというよりは、むしろ、主人公が彼らを導いている。彼らは、自作の戯曲や小説を書き終えたあと、その主人公から解放されるのに苦労してさえいるのである。これは、必ずしもその作品の価値が最も高い作家たちに限ったことではない。しかし、彼らは、ほかの者たちよりもよく、自発的な幻覚という特殊な能力の存在に私たちの指を触れさせる。少なくとも、私たちのなかのある人々には触れさせるのである。実際には、そういう能力は、誰のなかにも何らかの度合で在る。子供においては、その能力は潑剌としている。子供のなかには、想像上の人物と毎日交際している子もいて、その名をあなたに教えたりするだろう。その人物に日々起こることといちいちの印象を、あなたに告げたりもするだろう。しかし、自分では架空の人物を作り出さないが、現実に惹きつけられるように虚構に惹きつけられる人々のなかにも、この同じ能力は働いている。劇場で観客が泣くのを見るほど、驚くべきことがあるだろうか。(DS, p. 1141)

芝居を見て泣く人は、現実と虚構の区別がつかないのではない。この時でも、彼の知性はまったく正常であって、架空の物語に泣くことは、彼が人間種として必要に迫られている生の機能なのである。これが働かなければ、彼の生命は、知性の攻撃から自分を守ることができない。

ここには、人間固有の本能があると言える。が、この本能が潜在的に持つ目的は、生の持続に対して普遍的であり、ただひとつなのだ。それは、知性の鋭い刃から生を守り、最良の場合には、生に柔らかさと謙遜と連帯を保持させ、最後には死の安心を得させることにある。この機能は、人工の物語によって現実化するが、機能それ自体の存在は、自然のなかに根を張るものだ。このような機能によって維持される生の態勢のことを、ベルクソンは「静的宗教」と呼んだのである。

4　持続において思考する例（その三：動的宗教）

本能で形成される昆虫社会は、完全な自動装置のように働く。このような装置は、生物進化がなし続けてきた創造的な努力のひとつの結果であるが、創造という観点からすれば、行き詰まり、不首尾に終わった結果だろう。ベルクソンによれば、「創造的努力が首尾よく成し遂げられたのは、人間に達した進化の線上においてだけである」（DS, p. 1153）。この場合、人間の能力は、身体を道具にした本能ではなく、身体の外に道具を製作する知性という形をとった。これが、人間に自由な思考を駆使する発明を可能にさせた。だが、すでに述べたように、人間の知性は、それだけでは巨大な危険を伴っているだろう。この危険は、生そのものの自滅の路を孕んでいる。実際、進化の線上に人間を分岐させた運動は、知性を、ただそのままの形で単独に生み出しはしなかった。知性は、それ自身のなかに生の均衡を必要としている。人間の知性もまた、発生の時点から、その生存に必要な細部を併せ持つことなしには、地上に出現していない。「仮構機能」の形をとった本能を、人間の知性はみずからの内部に分泌してやまないのだ。この機能から、「静的宗教」の無数の度合が生まれる。

度合と言うのは、「仮構機能」を発動させる生の力が、潜在性のさまざまな深さの度合を持つからである。生の大きな原動力から来る「仮構機能」は、その現われにおいても深い。間に合わせの都合から来る「仮構機能」は、その現われにおいても浅く、恥ずかしいほど馬鹿げている。馬鹿げた仮構（虚構）が保障してくれるのは、やはり弱々しい知性の活動であり、こういった知性が寄り集まって作る共同体は、本能で形作られる昆虫社会より劣っているかもしれない。

「仮構機能」が真に創造的な働きを示すところでは、人間の知性もまた誤ることなく働いている。ここでは、知性はその強度を保ちながら、生の均衡を崩すことがほとんどない。知性の計算は、神秘的なものへの直観と併存、両立し、ふたつの間で保たれる生の均衡は、揺れながら硬直していない。動きながら、絶えず新たな均衡点を探っている。こんなところでは、「静的宗教」の仮構は、次に来るべき生の飛躍を「下ごしらえする」ものになっている。どんなものであれ、器官を得た生物種とは、生の創造的飛躍が停止した、まさにその地点に現われてきたものである。人類が達した生存の形もまた、同じ飛躍のひとつの停止点を、あるいは進化の停滞地域を示している。人類の停滞を示すものは、知性の側にある。生の飛躍による進化の努力のなかで、人間の知性ほど本質的な成功例はない。にもかかわらず、人間種に生の停滞をもたらし、それ固有の危機を招き寄せているものは、知性の機能である。ベルクソンは言う。

それなら、なぜ人間は、飛躍を捉え直し、飛躍がやって来た方向を遡ることによって、自分に欠けている自信、あるいは反省がぐらつかせたのかもしれない自信を取り戻さないのだろうか。それをなし得るのは、知性ではない、あるいは、どんな場合にも知性だけによってでは無理である。知性は、むしろ反対の方向に行くだろう。知性には特殊な目的がある。仮に、知性が瞑想に高まるとしても、それは、せいぜい私たちに可能性を想い描かせるだけであり、実在にはひとつも触れることがない。しかし、私たちは知っている。知性のまわりには、ぼんやりと消えかかった直観の縁《ふち》が残されていることを。その縁を定着させ、強化し、とりわけ行動へとそれを完成させることはできないだろうか。というのも、それが純然たるヴィジョンになってしまったのは、その原理の衰弱によってでしかないし、もし、こう言ってよければ、直観の縁に施された一種の抽象によってでしかないからだ。

このような努力ができ、これに値する魂は、自分が今接触を保っている原理が、あらゆる事物の超越的原因であるかとか、その地上的な委任であるかとか、そんなことは問いもしない。この魂には、ちょうど鉄がそれを焼く火に侵入されるように、自分が自分より桁外れに有力な存在によって浸透され、しかも、自分の人格がそこに吸収されないことを感じるだけで充分である。以後、この魂の生への執着は、こうした原理とまったく一体のものになり、喜びのなかの喜び、愛そのものへの愛となる。さらに、この魂は、社会に身を捧げるようになる。けれども、それはもはや人類全体であるような社会であり、その原理となるものへの愛のなかで愛されている社会だろう。そこでは、静的宗教が人間にもたらした自信は、姿を変えている。未来への気がかりも、自己自身への不安な回帰も、もはやない。〔愛という〕対象は、物質的にはもはや値打ちのないものになっているが、精神的には高すぎるほどの意味を帯びている。今や、生一般への執着が成り立つのは、個々の事物からの離脱によってである。だが、その時にもなお、宗教について語る必要があるのだろうか。ふたつの事柄は、互いに排除し合うまでに異なっており、これらを同じ名で呼ぶことはできないのではないか。(『道徳と宗教の二源泉』第三章、DS, pp. 1155-1156)

「仮構機能」によって成る「静的宗教」は、特定の共同体のなかにある。ここで生まれ、ここで洗練される言語表現と、それは一体になっている。神話、伝説、さまざまな教義、儀式、制度、みなそういうものである。それらは、できあがり、固定され、特定の共同体が目指すものの意味を虚構によって教える。だが、ここには、必ず反省による懐疑、軽侮、不信、動揺が入り込み、内側から広がっていくだろう。人類の自信は、ぐらつく。

また、知性が「静的宗教」の有用さを容認するとしても、共同体の間での、複数の「静的宗教」の争いは、ほとんど避けることのできないものになっていく。「静的宗教」を生み出してきた本能、あるいは直観の力は、さらに強い生の飛躍によって大きく高められなくては、この袋小路を脱することができないだろう。

実際、飛躍は起こったのである。さまざまな「静的宗教」は、そのなかに「神秘家」と呼ばれる特異な人々、特権的な魂たちを生んでいる。彼らは面倒な議論になど関心を持たない。「静的宗教」の仮構にも、教義にも、ほんとうのところは興味を持っていない。彼らは、自分から何かを信じているというよりも、「自分より桁外れに有力な存在によって浸透され」、その存在から来る力によって、極めて端的な行動を演じさせられる。

その行動が生に対してまざまざと示すものは、「喜びのなかの喜び、愛そのものへの愛」である。彼らは、実際には人を説得もしなければ、何かの教えを語りもしない。彼らの行動は、そういうものを初めから超えている。彼らは、自分を通して伝わる灼熱の振動をまわりの者たちに伝播させる。その振動こそが、「喜びのなかの喜び、愛そのものへの愛」と、ここでは言われている。確かに、それは言葉に過ぎないが、あえて言葉にすればそういうものとなるほかない。ベルクソンは、それを言っているのである。

このような特権的な魂は、すでに繰り返し歴史のなかに出現している。古くは古代ギリシアにも、インドにも、またむろん「静的宗教」の存在するさまざまな地点に出現している。『道徳と宗教の二源泉』は、これらの地域での「神秘家」たちの出現と、その諸方向について詳細に述べ、そこにある諸タイプを分類づけている。そこで、一応の結論として述べられることは、こうした「神秘家」たちのなかで、これまで最も純粋な強度を持って出現したのは、「キリスト教神秘家」たちだということである。彼らのなかにこそ、「静的宗教」を完全に、根底から超える生の飛躍が、その純粋な原液が見られると、ベルクソンは言う。

たとえば、聖パウロ、聖テレサ、シエナの聖カテリーナ、聖フランチェスコ、ジャンヌ・ダルクのような人々が、何を成し遂げたかを考えてみよう。彼らを、単に狂った人間たちとみなしたところで無駄である。彼らが示す知的健康、行動への活き活きとした好み、環境への柔軟な適応、堅固な意志、先見的な識別能力、錯綜を克服する大胆な単純さと純真さ、何をとっても病的なものは一切ない。知的に頑健な人間とは、まさに彼らのことを指すと言ってもいい。それでも彼らに訪れた経験、たとえば見神、恍惚、肉体からの魂の遊離、といったものがある。この様子を見事に真似る心の病人がいるからといって、神秘家たちが病人だということには決してならない。

実際、そうした言わば偶発事の経験は、神秘家たちにとって少しも重要なことではなかった。見神、恍惚、遊魂の経験は、彼らが安住した場所では決してない、むしろ、激しい不安と孤独とを味わった場所である。けれども、彼らにあっては、こうした障碍、つまり観想状態に停止させる現実の柵は、突破されている。特異な経験から得た確信を、どうやって言葉にするか、伝えるか、教義に変えて広めるか、そういう問題は、彼らにあっては提出されることさえない。

彼〔神秘家〕は、真理がその源泉から、活動する力として、彼のなかに流れ込むのを感じた。彼は、もはや真理を広めずにはいられまい。ちょうど、太陽がその光を放出せずにはいられないように。ただし、彼が真理を伝播させるのは、単なるおしゃべりによってではない。

なぜなら、彼を焼き尽くす愛（amour）は、もはや神に対するひとりの人間の愛ではない、すべての人間に対する愛だからである。神を通し、神によって、彼は人類全体を神聖な愛で愛する。それは、哲学者たちが理性の名において求めた同胞愛（fraternité）ではない。哲学者たちが説くところによれば、すべての人間は、同じ理性的本質を初めから分有している。これほど高貴な理想の前では、人は尊敬をもって頭を垂れよう。それの実現にも努めよう。もし、そのことが、個人や共同体に苦痛を与え過ぎないなら。つまり、人がその理想に執着するのは、情熱をもってではない。情熱をもってするなら、それは、神秘主義が残していった陶酔の香りを、この文明社会のどこかの片隅で、人が吸うからだろう。もし、神秘家たちが、唯一の不可分な愛のなかに人類全体を包むべく存在していなかったとすれば、哲学者たち自身も、高次な本質の全人類による等しい分有といったような、日常経験にはほとんどそぐわない原理を、あれほどの確信をもって提出していただろうか。ゆえに、ここでの問題は、ひとつの理想を作り出すために人が観念化した同胞愛ではない。また、人間から人間への生まれながらの共感を強めることが問題なのでもない。そもそも、こんな本能が、かつて哲学者たちの想像以外のところにあったかどうか、考えてみるがいい。(DS, pp. 1173-1174)

ベルクソンの言う「動的宗教」は、虚構を用いず、物語に依存せず、特権的な魂である「神秘家」たちの端的な行動によって人を動かす。これに動かされる情動を、人は初めから持っていたのではないだろう。情動は、「神秘家」たちによって、人々のなかに、ほとんど突如として創造されたのである。「静的宗教」の仮構は、人間の群れにとって自然なものであり、仮構機能それ自体は本能の延長上にある。この機能は、それによって人類が群れに結びつけられること、家族や共同体や祖国を愛することに大いに役立つ。これらを社会への本能と言ってもいい。けれども、この本能は、人類を群れに結びつけるのと同じくらい、その群れを閉じさせ、互いに果てしなく争わせることに役立つだろう。

「静的宗教」のあるものは、確かに「動的宗教」を下ごしらえするが、後者は決して前者の延長上にあるものではないだろう。そこには、決定的な「生の飛躍」がなくてはならない。生のあらゆる持続のなかには、いつもこのような飛躍が準備されていることを『創造的進化』は、詳細に論証していた。同じ論証が、『道徳と宗教の二源泉』にもある。だが、「動的宗教」の論証は、もはや生物学的な観察には基づいていない。それは、不可能だからだ。「神秘家」は、生物学的には通常の人類である。常人と「神秘家」との間にある性質の差異は、「動的宗教」の経験そのものを通して論証されるほかないだろう。ベルクソンは、それを行なう。そして、それを行なうとは、読者に対してこの経験を共有させること、読者から読者へと強い力で直接に伝播させることでなくて何だろう。

すべての人間は「理性的存在者」である、という仮説によって、道徳や宗教を長々と説明する哲学者たちには、こうしたことは決して起こらない。彼らの理屈は、人を説得はするかもしれないが、要するに救い難く退屈である。そういう理屈を、本気で実行する気になる人間はまずいない。いるとすれば、その人をほんとうに動かしているものは、もはや理屈でも言葉でもない。「人類への神秘的愛」という、かつて創造された情動の残り香であり、燃え残っていた火である。

それは本能の延長でもなく、ひとつの観念から派生するのでもない。それは、感覚に属するものでも、理性に属するものでもない。それは、感覚も理性も含み込んでいるが、実際には、これらよりはるか以上のものである。なぜなら、このような愛は、感受性や理性や、その他のものの根底にあるから。神の制作物への神の愛に、すべてを作り出した愛に一致するこの愛は、それを問い得る者には、創造の秘密を明かすだろう。この愛は、精神的である以上になお、形而上学的な本質のものである。この愛は、神の助力を得て、人間種の創造を完成しようとし、人類を、この生物種が人間自身の手助けなしに最終的に形成され得たなら、ただちにとったであろう姿に作り上げようとしている。〔…〕この愛の方向は、生の飛躍の方向そのものである。この愛は、こうした飛躍それ自体であり、ある特権的な人間たちには、そのすべてが伝えられる。それらの者たちは、その時受け取った愛を、人類全体に刻印しようとし、矛盾を承知で、ひとつの種に過ぎないこの被造物を、創造する努力に転換しようとし、定義上停止であるものを、運動に変えようとしている。(DS, p. 1174)

『道徳と宗教の二源泉』を書くまでは、ベルクソンは神、愛、神秘家、といったものを決して語ろうとしなかった。それらはみな、『創造的進化』が達した帰結の延長からは、述べることのできない言葉だった。述べれば、それはやはり単なる願望から出た憶測、既得のものでつぎはぎされた観念の集まりになっただろう。これらふたつの著書の間には、二十五年の歳月がある。問題の領域は、生物学から社会学、人類学、宗教学へと移されなくてはならなかった。

いつものように、彼はこれらの科学がもたらしている最新の成果を丹念に吟味し、それらが示す分析の方向を慎重に、どこまでも慎重に辿り直し、そうやって〈砂糖が水に溶ける〉のを待った。思考のなかに、確かな蓋然性が高まってくるのを待った。そこから、彼がついに成し遂げた飛躍は、今回もまた驚くべき結論に達している。それは、まったく新たな光で二十五年前の『創造的進化』を照らし直すと言っていい。

　生命進化の元の力、最も根底の力は、「神の愛」である。ベルクソンは、そう言うほかない。が、この「神の愛」という言葉は、用いざるを得ない不正確な言葉だろう。「神」とか「愛」とかいう言葉は、すでに静止し、区分された実体の観念しか表わさない。ベルクソンが実際に示そうとしているのは、愛する力そのものであるような神、創造する力それ自体であるような愛であり、これはどこにもその場所を指定できない運動である。これを語りきる行為だけが、哲学者に、いつもほんとうの困難として経験される。いや、むしろ哲学することは、この困難を乗り越えていく努力そのものと、いつも正確に一致しているのでなくてはならない。

「動的宗教」に関するベルクソンの論述は、「持続において思考する」ことの最終段階にあり、もうこのあとはない、といった趣《おもむき》を呈する。だから、彼はこれを最後に潔く黙ったのである。それにしても、神が、愛する力そのものであるとは、いったいどのような意味なのだろうか。神が、〈何か〉を、愛するのではない。主語、動詞、目的語といった統語法で語り得るような観念を、ここで用いてはならない。神は愛する力それ自体であり、そうであるからこそ、この力はみずからが〈愛する対象〉を、言わば自前で不断に作り出さなくてはならない。こうした矛盾は、私たちの知性の表面で起こっているに過ぎない。ここには、矛盾がある。が、命あるものは、みな神の被造物だという。このような言葉は、「静的宗教」のものである。「動的宗教」から観れば、生物種とは、神がなそうとした創造の停止であり、神が愛する力は、いつもその停止の先に進んでいる。人類とは、創造のひとつの停止であり、停滞であり、神の失敗なのかもしれない。けれども、神の愛は恐れることなく、その先に進んだ。みずからの愛の対象を創造するべく、先に進んだのである。「神秘家」たちは、そこから生まれた。彼らは、神の愛が求めた、神の愛の対象であるが、いったん「神秘家」たちが生み出されると、彼らは、その同類を、長い時間をかけ、わずかずつでも繁殖させずにはいない。あるいは彼ら自身の匂いを、人類のなかに仄《ほの》かに沁み込ませる。沁み込んだ匂いが累積し、時として爆発物のように作用する。

第Ⅷ章　哲学の目的

1　神秘主義と機械主義

ベルクソンが使う「神秘主義」という言葉は、「直観」の語と同様、はなはだしい誤解を招くだろう。多少なりとも論理的にものを言う人にとって、神秘主義と呼ばれるものは、考えることをやめた人間、あるいは、やめさせたい人間の迷信、いかさま、妄想に等しい。そこでは、証明しようのないいろいろな作り話が横行していて、人の弱みにつけ込んだ脅しがいつでも幅をきかせている。これほどではないにしろ、神秘主義は秘教めかした儀式や理の通らない教義で人の思考を麻痺させる、そう受け取られることが多いだろう。

近代人から、そんなふうにして毛嫌いされる神秘主義は、ベルクソンの言う「静的宗教」の一要素である。しかし、「静的宗教」に含まれた神秘的な作り話は、神秘的能力が作ったものでは少しもない。そこにありがちなお粗末な作り話は、往々にして共同体を知性の攻撃から守ろうとする知性自身の詐術から来ている。作るのも知性なら、信じるふりをして儀式に協力するのも知性である。そして、すべては知性以下のもので成り立っている。これを、ただの理屈で否定してみせるほど簡単なことはない。余り簡単過ぎて、知的な人間は、否定する熱意を持てないくらいである。

ベルクソンの言う「神秘主義」が、この手のものであるはずがない。が、彼の哲学を神秘主義的だと言って非難する人間は、何とはなしに、この手の神秘主義を思い浮かべているのである。ベルクソンが「神秘主義」と言う時、彼が考えているのは、むしろ一切の物語が消去されたところに働く強い直観の力である。

直観の対象が、生命、魂、精神といった系列のものであることはすでに述べた。神秘的直観の対象は、生命、魂、精神が極限まで高められた強度としての「神」にほかならない。ベルクソンによるなら、「神」とは愛する力それ自体であるから、「神」への直観は、愛する力それ自体の、魂への流入と同じことになる。これには、どんな作り話も教説も必要ではない。そういうものは、「神秘主義」にとって、雑音以外の何ものでもないのだ。

あらゆる「動的宗教」は、それを純粋な状態で取り出すなら、神秘主義的なものである。つまり、〈神秘主義的〉とは、〈純粋に動的〉という意味である。純粋に動的な思考は、区分できる言葉も観念も生じさせない。それが極まるところには、「神秘的直観」があると言える。もちろん、このような能力を明瞭に持つ者は、実際には、ごくわずかな特権的な魂（神秘家）たちに限られる。けれども、彼らがどんなに少数であろうと、こうした魂は実在し、人類をはるかに凌ぐ新たな生物種として、人類の肉体を持って行動する。彼らの行動を推進する、彼らのうちにある「神の愛」は、彼らの行動を通して人類社会に伝播する。

この愛は、成功するだろうか。もし、神秘主義が人類を変容させねばならないとしても、それは神秘主義の一部分を、近隣から近隣へと、ゆっくり伝播させていくことによってのみ可能なことだろう。神秘家たちは、そのことをはっきり感じている。彼らが出会う大きな障碍は、神的人類の創造を妨げた障碍である。人間は、額に汗して自分のパンを稼がねばならない。言い換えれば、人類とは、ひとつの動物種であり、それは動物界を支配している法則、生き物が生き物を喰わねばならない法則にそのまま従わされる。そこで、人類の食糧は、時には自然一般と、時にはその同類と争われる。ゆえに人類は、必然的にその努力を食物獲得に用いることになり、知性は、まさにこの戦い、この労働を目指した武器や道具を、人類に提供するために形作られる。このような条件のもとで、いかにして人類は、本質的に地上に縛りつけられた注意を天へと振り向けるのだろうか。もし、そのことが可能だとすれば、それは極めて異なるふたつの方法を、同時に、あるいは交互に用いることによってでしかない。第一の方法は、知性の労働を強め、自然が知性に望んだところを超えた遠い地点にまで、それを運んでいくことである。そうすれば、単純な道具は、人類の活動を解放できる巨大な機械システムに場所をゆずる。この解放は、機械主義にその真の役割を保証する政治的、社会的組織によって強固にされるだろう。危険な方法である。なぜなら、機械説（la mécanique）は、発展していけば、神秘説（la mystique）と敵対するかもしれないから。機械説が最も完全に発展するのは、神秘説に対するあからさまな反作用においてでさえある。しかし、求めねばならない危険というものがある。高次の活動は、それより低次の活動を必要とし、低次の活動を生じさせるか、あるいは、ともかく、その活動を放任させておかなくてはならないだろう。必要とあらば、それから身を守ってでも。経験が示すとおり、背反し合いながら補い合うようなふたつの傾向のうち、その一方がすべての場所を占めようとするほど大きくなったとしたら、他方はわずかなりとも自分を保存できればよしとするだろう。自分の順番はまわってくるのだ。そして、その時には、あとに来る傾向は、自分なしで為されたすべてのことから、あるいは、自分に反抗してこそ力強く引き出されさえしたすべてのことから、利益を得るだろう。(『道徳と宗教の二源泉』第三章、DS, p. 1175)

つまり、「神秘主義」と「機械主義」は、この宇宙が生命と物質の二傾向で成る限り、人間が、どうしても歩かねばならない二筋の路ではないか。ベルクソンは、そう言っているのである。

生命は物質を貫き、自分の領分を、その自由を、物質のなかに拡大していかなくてはならなかった。あらゆる生物が、そのようにして生まれてくる。食糧を求めての人間の争いは、生命が物質を利用し、そこから糧を得て生きようとする闘争の先端にある。人間の知性が最も得意とする道具の発明は、まずは食糧を得る闘争のために為される。この道具が、知性の限りを尽くした「巨大な機械システム」に発展すれば、機械主義が人間社会の中心を占めるだろう。

　だが、生命が物質を貫いて進むのは、それより、もっとはるかに遠くを目指してである。食糧獲得に安定を得ること、またそこから派生して、贅沢や安逸や支配者の満足を得ることは、「低次の活動」による。この活動は、やがて生命に「高次の活動」をさせるための手段にしかならない。「高次の活動」とは、何だろう。「神的人類の創造」にほかならない。この創造は、むろん神がするのだが、正確には神に助けられた特権的な魂がみずからの上に行なう。これを一挙に地上に生み出すことは、神にとってもできない相談だった。できないからこそ、生物進化の長い時間を、神もまた待ったのである。

「神秘家」もまた、待たなくてはならない。しばらくは、必要な機械主義に場所をゆずり、その専制と横暴に身を縮めてでも、「神秘主義」の出番を待たなくてはならない。なぜか。「人間は、額に汗して自分のパンを稼がねばならない」からである。これは、物質的傾向から厳しく課されていることであり、「機械主義」は、この課題の解決としてこそ、価値があった。その本来の目的があった。その目的をうまく遂げさせるには、それに適し、それを保証する「政治的、社会的組織」が、たとえば、議会制民主主義の政体などが要るだろう。それもまた、「高次の活動」を為す上の、やむを得ない手段に過ぎない。ベルクソンは、そう言っているわけである。

　彼がここで言っていることは、楽観的でも、悲観的でもない。生物進化論から人類学、社会学、宗教学を横切りながら、多数の「事実線」が示すところを辿っていく、またそれらの線が発してくる一点へと忍耐強い努力で遡る。そうすると、ますます高くなる「蓋然性」をもって、言い得ることがある。彼は、それを述べているだけである。

いずれにせよ、「神的人類の創造」は、成功するのかどうか、まったくわからない。わかるのは、これを為そうとする「生の飛躍」が、自然から人間社会の全域にわたって、働いてきたことだろう。「神秘的飛躍」は、特権的な魂たちのなかだけに起こった。これの全面的な普及は、明らかに不可能である。けれども、「彼らこそ精神的社会を一致して形成する者たちだろう」(DS, p. 1176)。言うまでもなく、この形成こそは「高次の活動」に属する。

このような種類の社会は、分かれて増加し得る。それらの各々は、その成員中で例外的に天恵を受けた者たちによって、他の社会をひとつ、またひとつと生じさせていく。このようにして、飛躍は保存され、継続されていく。それは自然によって人類に課されたた物質的条件の深い変化が、精神的側面からの根底的変容をもたらし得る日まで続く。大神秘家たちが従ってきた方法とは、このようなものである。彼らがあり余るエネルギーを、修道院や教団の設立に費やしてきたのは、必要からであり、それ以上のことはできなかったからだ。彼らは、その時点では、とりあえずそれより遠くを見つめるには及ばなかった。彼らを導いて、人類を神の域にまで高めさせ、神的創造を完成させる愛の飛躍は、彼らを道具とする神の助力なしには、達成できないもののように、彼らには見えた。そこで、彼らの全努力が集中した任務は、非常に偉大で困難だが、限定されたものでなくてはならなかった。ほかのいろいろな努力は、あとから来よう。その上、別のさまざまな努力は、すでに来ていた。これらはみな、一点に向かうだろう。なぜなら、神はこれらをひとつにしていたからである。(DS, p. 1176)

「別のさまざまな努力」とは、物質的な豊かさをもたらす「機械主義」という努力のことである。「機械主義」もまた、生命が物質を貫こうとする努力であることに変わりはない。この努力を否定することは、神秘家にもできない。食べずに生きていられる動物種は、今のところはないのである。食べるものを安定して確保するためには、「機械主義」は最も有効な手段になる。その手段は、成功していると言ってもいい。

ただ、「機械主義」には、自分の成功が持つ意味というものが、見えていない。物質を対象とする知性の能力には、それが見えないのだと言える。「機械主義」は「神秘主義」に補われ、むしろその前触れとなるのでなければ、「機械主義」本来の方向は捉えられないだろう。結局、ふたつの方向を持つ人間的努力の束は、「一点に向かう」。それらは、もともと潜在的な生のただひとつの力から、仕方なく分岐したものだったのだから。

まさに、それは仕方なく、である。「神的人類の創造」は、つまり進化の最終目的は、どんな場合も直線的には進まず、一方の極端から他方の極端へとジグザグに進む。何度も言うが、宇宙は、物質と生命とのふたつの傾向ですみずみまで満たされている。宇宙に時間をもたらし、創造をもたらすものは、むろん後者の傾向である。が、ふたつの傾向は、言わば互いの介入によってしか、自分を潜在的状態から実現させることができない。生命は、物質の方向に行く。生命に入り込まれた物質は、無数の失敗、錯誤、曲折を経て、また生命の方向に行く。こうして、ジグザグの歩みが続く。

こうしたジグザグは、生物の進化だけでなく、人間の歴史のなかにも、個人の経験のなかにもある。たとえば、ヨーロッパの中世が達していた極端な禁欲、神秘的なものへの崇拝は、近代に至って物質的富への極端な欲望と物質科学礼賛に転じてしまう。中世の神秘主義には、近代の機械主義を通過しなくては達せられない何かがあった。が、そこに達するのは、単なる物質崇拝、歴史中に停止してしまった「機械主義」ではない。その限界から、生命の傾向に向けて、もう一度折り返そうとする「神秘主義」の努力である。ベルクソンは、自分の哲学をこの努力のなかにはっきりと置く。

だが、もしも人類が、近代の「機械主義」を折り返して、新たな「神秘主義」の方向に向かうとしよう。「神的人類」がもたらした炎が、人類の行く手を照らし出すとしよう。その時でも、宇宙の物質的傾向は、生命的傾向の反面として必ず働いている。それをなくすわけにはいかないのである。新たな「神秘主義」は、新たな「機械主義」を、あるいは物質的傾向を活かす新たな路を、創造していかなくてはならないだろう。

こう考えるなら、「神秘主義」と「機械主義」という、ベルクソンの言葉には、おそろしく広汎な意味、有効な射程があるとわかる。あえて、ふたつの言葉を定義づけてみよう。

「神秘主義」とは、生命の傾向を、あくまで伸長させ、強化させせようとする直観の努力である。「機械主義」とは、物質の傾向を、生存のためにあくまで利用しようとする知性の努力である。物質のなかに生命の自由を拡大し続けようとする人間の努力は、何らかの度合で、これらふたつの範疇に属するほかない。これらの間で、努力の交換と相互浸透がなされるほかない。けれども、ふたつは同じ唯一の努力のなかに入っていくことができるのでなくてはならない。少なくとも人類には、いつもその潜在能力がある。

2　〈停止〉を〈運動〉それ自体に送り返すこと

ベルクソンの哲学は、その出発点から、知性や知覚が静止させたものに運動を取り戻させる一貫した思考の努力だった。この運動は、何ものかの運動ではない、実在としての運動それ自体である。第一の主著『意識の直接与件に関する試論』では、「心理状態」という静止した観念の並置が、心的持続の運動そのものに送り返された。ひとつの心理状態が別の心理状態に移り、変化するのではない。変化そのもの、運動そのものとしての心の持続がある。このような変化が、〈時間〉と呼ばれるものの実在の在り方と同じであることを、彼は徹底的に証明する。このことから、時間、空間、数、量、強度といった語で表わされる概念は、その意味を根こそぎ変えさせられた。

第二の主著『物質と記憶』では、何よりも変更を蒙ったものは、「記憶」の意味である。

大脳生理学が、あるいは常識が想定する個々の「記憶内容」は、静止した個物のように「記憶」の箱のなかに収まっている。ベルクソンはこの発想を、あるいは思考の像を、やはり根こそぎ打ち倒す。個々の「記憶内容」などはない。あるのは、潜在的な記憶の全体が、行動に向けて実現させる無数の収縮である。記憶はその収縮から、行動に必要な動的区分をやむことなく作り出す。

第三の主著『創造的進化』では、生物が進化の途上で作り出す「器官」の意味が、ひいては「生物種」というものの意味が、読む人を啞然とさせるほどの転倒によって動態化させられる。生命は、進化によって「器官」を作ったのではない。私たちが「器官」とみなす物質の通り路を、運動の後ろに残したのである。この通り路は、絶え間ない生の通過によって、動き、変化している。そこから生じてくる「生物種」とは、進化の運動が私たちに見せている仮の停止点に過ぎないだろう。

第四の主著『道徳と宗教の二源泉』では、生物種としての人類が、徹底して運動に送り返される。人類という生物種は、中枢神経システムの極度の発達によって、知性が支配する行動を取るようになった。その行動は、個々の人間が利益を得るには大変有効だが、人類の生命を根本で支える群れに対しては、いつも危険なものである。人類が知性による個体の勝手な行動を伸長させればさせるほど、人間社会は、本能に起源を持つ道徳や宗教でみずからを防衛しなくてはならない。人間の知性は、道徳や宗教によって均衡を取り戻さなくては、生き延びてはいけない。

こうして作り出される道徳や宗教は、それらが発するところは本能にあっても、知性の表現を、つまり禁止の言葉や架空の物語を与えられるほかない。道徳の教えが、しばしば理不尽な命令だったり、宗教の物語が、荒唐無稽のお伽話だったりするのは、まだ道徳や宗教が、知性による言葉を無理に、歪めて使っていることによるだろう。こういうところでは、人間の道徳は、閉じられている。その宗教は、運動を恐れて、仮構された静止を装っている。

けれども、生命は、その外見上の停止状態にもかかわらず、やはり運動し続けている。生命は、自己を超えていこうとする運動それ自体である。ベルクソンの言う「道徳的英雄」、「特権的な魂」は、人類の身体を貫くこの運動から、この運動が引き起こす「生の飛躍」から生まれてくる。彼らは、一社会のうちに閉じられた道徳を押し開き、仮構機能のなかに静止した宗教を神の運動そのものに変える。この転換は、知性の言葉によって為されるのではなく、それよりもはるかに高次の行動によって成し遂げられる。それを成し遂げるものは、本能に起源を持つ精神の力であり、人類のなかで極限まで高められた「直観」である。

心の運動、変化をいろいろな「心理状態」の並び替えにするのは、私たちの行動上の都合による。それは、人が生きている限り、抜き難くある思考の習性になっている。個々の「記憶内容」が集められて脳のなかに収納されると考えるのも、「器官」が諸部分の集まりで成るメカニズムだと考えるのも、同じ習性による。

だが、この習性は、そもそも自然それ自体のなかに深く根を張り、自然もまた同じ習性によって、その進化を停滞させ、惰性化するのだと言える。停滞としての「生物種」はそのようにして生じる。私たち人間の思考による「静止」、「個物」、「数えられる時間」その他の捏造は、自然それ自体のなかにある進化の停滞とつながり、同じ意味と理由とを持っている。第一の主著から第四の主著に至る探究の忍耐強い継続のなかで、ベルクソンはそのことを徹底的に明らかにした。ここには、彼が実行しようとした「哲学」の比類ない前進がある。したがって、静止させられたものを運動に送り返す彼の哲学は、生命的傾向に関わるだけではなく、物質的傾向にもいつも関わる。なぜなら、宇宙はただひとつのものであり、そこにある二傾向は相互に浸透して、ただひとつの持続を成すからである。哲学が方法とする「直観」は、その対象を、まず何よりも精神、意識、記憶、生命などに置くが、それはそうしたものの本性が、もっぱら「持続」にあるからだ。「知性」は、この「持続」を静止した要素の並置によってしか捉えられない。ところが、持続を本性とするのは、これらの対象だけではない。持続するものは、宇宙の全体である。物質的傾向にあるものを、この全体のなかで捉え直すのは、哲学だろうか、科学だろうか。

この質問は、ベルクソンにとっては、結局どうでもいいものになる。重要なのは、学問領域の分類などではない。対象の性質に則した「正確さ」だろう。〈精神についての科学〉、〈物質についての哲学〉、そう呼びたい者がいるのなら呼べばいい。実際、『物質と記憶』の第四章では、叙述は〈物質〉の本性に向かって、ためらうことなくまっすぐに切り込んでいる。持続としての記憶の存在をはっきりさせるほど、持続そのもののうちにある物質の本性をも明らかにせざるを得なくなる。それは、彼の哲学において必然の成り行きだった。〈物質〉を対象とする時も、ベルクソンの哲学がすることは、変わりない。すなわち、それを「持続において思考する」ことである。物質科学は、その対象を計測可能な静止状態に置き直し、数量化して考えるが、哲学は、そんなことをする必要はない。〈物質〉は、宇宙の持続全体のなかで考えられなくてはならない。そうすると、そこに在るものも、やはり個物としての物体ではなく、運動それ自体であることがわかる。測定すれば無限に速い「振動」が、物質界のすみずみを満たしている。

たとえば、赤色光線は、一秒間で四百兆回ほど起こる「振動」それ自体によって満たされ、それ以外のものを持たない。そして、赤色光線を、そんなふうに算定できる科学があるのは、物質の振動が持つ純粋に反復的な性質によるだろう。物質科学の測定、観察は、〈物質という運動〉にあるこの反復の性質に基づかなければ、成り立たない。そこが生命的なものの運動、つまり持続とは違う。物質の運動は、何らかの算定が可能な反復であり、生命の運動は、自己を創造する持続である。けれども、ふたつが、個物を、基体 (substrat) を含まない運動それ自体であることに変わりはない。ふたつの運動は、まさにそれらが運動それ自体であることを通してつながり、浸透し合い、ひとつの持続を作り出すのである。『物質と記憶』でベルクソンが展開した物質の哲学は、アインシュタイン以後の理論物理学が進む方向を、たとえば量子力学の出現を、驚異的な正確さで予示していると言えるだろう。理論物理学のそうした展開は、ベルクソン自身がその後に注意深く、はっきりと見届けることになる。物質が〈基体を含まない運動それ自体〉であることは、物理学の追究によっても確認できる。その時、理論物理学は、単に有用性を尺度にした物質界の測定に携わっているのではなく、実在する宇宙の物質的傾向に、直接に関わっているのだと言える。二十世紀に至り、物理学は、ついにその段階に入った。

けれども、この探究を導く知性は、依然として純然たる知性であるがゆえに、有用な道具の発明、製作に路を開くし、そのための応用へと一気に転じることができる。この道具は、もちろん生活を便利に、安楽にする。食糧の確保をますます安定的に、かつ容易にする。そのための闘争に勝つ武器も、勝ったあとの支配と管理と情報操作を抜かりなく行なう手段も与えてくれる。そのような応用の発達は、常識の予想をはるかに超えたところにまで行くだろう。二十世紀以後の物質科学の応用は、人間社会の一切を瞬時に破壊できるところにまで進んでいくだろう。

だから、物質についての科学が、〈基体を含まない運動それ自体〉の領域に入り込んでいく時には、そうした科学の応用は、人間、生物、宇宙に対して、いつも恐ろしい効果を可能にさせると考えなくてはならない。そして、その効果を、生全体のために適切に統御する能力は、科学者の知性のなかにも、哲学者の純然とした思弁のなかにも、むろんないだろう。

現代の物質科学が合流し、対を為さなくてはならないのは、「直観」を方法とする哲学ではないのか。それとの合流を通して、科学は自分が把握しつつある〈基体を含まない運動それ自体〉が、宇宙という唯一の持続のなかで一体何であるのか、それをどう捉えるべきであるのかがわかる。二十世紀の物質科学と「直観」を方法とする哲学との究極の協力関係が、ここに誕生するだろう。ベルクソンは、最後まで強くそれを望んだ。そうした協力が実を結ばなければ、確実にやって来る人類の最終の危機を察知していた。『思想と動くもの』の「序論（第二部）」を進めるなかで、ベルクソンはそれまで自分に執拗に向けられてきたふたつの非難を取り上げ、そのひとつずつに対して実に丁寧な論駁を行なっている。答えるのは、もはやこれが最後だ、というような語り口である。ふたつの非難とは、どんなものか。「直観」を標榜する彼の哲学は、まず科学に害を与え、次に知性に害を与えるものだ、と言うのである。何という愚かな、頑迷な非難だろうか。

ベルクソンは言っている。私が科学を害したと非難する人たちは、「だいたいのところ真の科学者ではない」(In-2, p. 1308)。彼らは、私が科学の領分に、純粋哲学のあやふやな問題を持ち込んだと言って憤慨している。けれども、私がいつ科学の領分を侵しただろうか。それどころではない。

もう一度言うが、私が望んでいたのは、科学の点検に服する哲学だし、科学を前進させ得る哲学だったのだ。そして、私はそれに成功したと思う。なぜなら、心理学、神経学、病理学、生物学は、当初は逆説的と判断された私の諸見解を、だんだん受け容れるようになってきたからである。いや、たとえ、これらの見解が逆説的なままであったとしても、これらが反科学的であったことなど決してなかった。これらがいつも示していたのは、科学と共通の境界線を持ち、それゆえに多くの点でひとつの検証を受け容れられるような形而上学を形成する努力だった。(In-2, p. 1308)

このような「境界線」に厳密に沿って進む人は、もちろん稀だろう。それでもいい。人が、もしもこの「境界線」の存在をベルクソンの論証に従って認めるだけでも、彼が科学に当てていた位置や役割は、誤解しようがない。彼は言う。「私は科学に対して、ただ科学的であることを求めるだけだ。無意識の形而上学で、自分を二重にしないでもらいたい。そういうものが、無智な人、半可通な人の前に科学の仮面を被って現われる。半世紀以上もの間、こうした「科学主義」が形而上学の行く手を塞いでいたのである」(In-2, p. 1308)。

たとえば、脳の分子運動は意識の働きを決定する、という心身の並行説は、少しも科学的なものではない。それは、十九世紀の生理学が、十八世紀の形而上学から借り受けてきたものである。たとえば、ラ・メトリ、エルヴェシウス、シャルル・ボネ、カバニスといった、十八世紀に権威を持った唯物論的デカルト主義者が、そうした形而上学を提供している。彼らは、十九世紀の実験的な生理学が現われる以前に、科学による何の検証もないままに、脳と意識の並行説を立場として採った。あとになり、十九世紀の生理学者は、彼らの独断をただ何とはなしに頼りにするほかなかったのだが、それは、生理学とまさしく「共通の境界線」を挟んで進んでいく哲学、事実の経験に基づく哲学が、生理学者には与えられていなかったからにほかならない。

ベルクソンの哲学が、科学を害すると言う者たちは、結局のところ科学においても、哲学においても「正確さ」を欠いたままで考えることしかできない。彼らの科学主義は、ただ漠とした気分であり、惰性であり、朦朧とした独断であり、思い上がりなのである。「知性」については、どうだろう。ベルクソンの哲学は、「直観」を盾に取った反知性主義だという。こういう非難が第一に欠いているものは、知性である。そこにあるのは、多くの者が、かなり昔からありがたがり、しがみついている「干からびた合理主義」でしかない。詐欺まがいの神秘主義より合理主義がずっといいのは、わかりきったことである。合理主義とは、知性にかなおうとする人間の意志だと言っていいが、このような意志は、ベルクソンが初めから一貫して保持していたものだ。そして、まさにその結果、彼は「知性」と呼ばれるものの機能を、どんな主義、崇拝とも無関係に、極めて具体的に捉えることができたのである。

実際、知性とは何だろうか。思考の人間的方式である。それは、私たちの行動を導くために、私たちに与えられたのであって、本能が蜜蜂に与えられたのと変わりがない。自然は物質を利用し、支配するように私たちを作っているから、知性は空間のなかでしか容易に動きまわれず、無機物のなかでしか寛《くつろ》ぎを覚えない。もともと、知性は製作を目指すものである。知性は、機械技術の序奏を鳴らす活動と、科学を予告する言語とによって現われてくる——原始的心性にあるほかの一切は、信仰と伝統になる。(In-2, p.

1319）

人間は罰を喰らった子供のように、首から知性をぶら下げて、宇宙の片隅に立たされているのではない。人間は、いつも宇宙のなかで、宇宙の一部分として、生きて活動していなくてはならない。身体も思考も知覚も記憶作用も、みなそのことのためにしか働かない。そうした生命活動のなかで、人間の知性は例外であるどころか、その中心機能を果たすものになっている。この考えに何の不足があるだろうか。「知性」は、少しも卑しめられてはいない。むしろ、その実在性を、あるいは実在とのしっかりとした関わりを、ベルクソンの哲学は回復させているのである。

3　持続において思考する例（その四：言葉）

知性は、物質に対して有用に働きかける能力だから、それに必要な態度なら何でも取る。動きのなかに静止を、変化のなかに不動を、時間のなかに空虚な空間を、持続のなかに状態の並置を持ち込むのは、言わば知性の真面目な仕事である。その知性は、精神のなかにある。精神が、精神自身を振り返って観る時にはどうだろう。その時も、精神はやはり知性なのだろうか。ベルクソンは言う。「人は、自分が望む名を、ものに与えることができる。繰り返して言うが、精神による精神の認識を、もし人がその名に執着するのなら、相変わらず知性と呼ぶことに、私は大した不便を感じない」と（In-2, p. 1319）。

　けれども、その場合には、互いに反対の向きにあるふたつの知的機能があることを、はっきりさせなくてはならない。ひとつの機能は、物質に向かい、もうひとつは精神に向かう。ひとつが物質を利用するために取る思考方法を、もうひとつは逆向きに遡っていかなくてはならない。後者の働きを「知性」と呼ぶことは、習慣上なされてこなかったから、私はこれを「直観」と呼ぶことにした。ただ、それだけのことだ、とベルクソンは言う。精神は、いやでも物質を追う。が、物質を追うその精神を、やはり精神自身が追うということがあるのだ。ふたつは、逆向きの歩みを辿るほかない。

〈物質を追う知性〉は、運動や変化を、そうでないものに置き換えることで、ものを考える。〈精神を追う知性〉、つまり直観は、〈物質を追う知性〉が普段実行し続けていることを、いつも前提にし、明確にし、しかも、それを逆向きに辿る。だから、そのような直観は、言わば「追加的注意」となって働くしかないとも言える。「この追加的注意は、方法的に耕すことも、発展させることもできる。こうして精神の科学が、真の形而上学が、形成されるだろう。これは、私たちが物質について知っていることすべてを、ただ精神に関しては単に否定するのではない。精神は積極的に定義されるだろう」（In-2, p. 1320）。

　物質的ならざるものが精神だと言ったところで、何の意味もない。が、過去の形而上学は、しばしば、これ以上のことを精神について述べていないのである。偽《にせ》の、あるいは不正確な形而上学は、否定の論理しか持っていない。当然のことだろう。〈物質を追う知性〉が精神を追えば、そこには物質の性質が〈ない〉ことを、あれこれ込み入った理屈で言うしかない。そこで働いているのは、依然として物質向きの知性である。

精神を積極的に定義すれば、どういうことになるか。たとえば、私たちはベルクソンが「記憶」や「記憶内容」をどのように定義したかを見た。この定義のためには、当時の精神生理学や精神病理学の実験的な照明は、不可欠なものだった。彼は、この照明を、言わば光源に向かって遡り、その光源の向こうにまで跳躍したのである。ここから、知的な諸機能の実際の究明が次々に為された。「観念連合」、「抽象作用」、「一般化作用」、「解釈作用」、「注意作用」などの検討が、一貫した方法で、はっきりと為された。また、潜在的な「記憶」の実在は、精神科医フロイトが、臨床的に提出した「無意識」の実在、という仮説と、やがて驚くべき対応を見ることになった。

まさにベルクソンの「直観」という方法、「持続において思考する」方法は、純粋な科学や知性の方法に向かって見事な対称形を描きながら、一貫していた。

精神に向かう精神の注意を、ふたつめの「知性」と呼ぼうが「直観」と呼ぼうが、そういうことはどうでもいい、とベルクソンは言っていた。彼は、本気でそう言っているのである。ここには、〈哲学の言葉〉というものに対するベルクソンの根本の態度がある。彼は、自分が使う用語を、著書のなかであれこれ定義してみせるが、そんな定義は彼自身によってさほど重んじられてはいない。求められるから、一応の説明をする、そんなことに過ぎなかった。すると、ベルクソンの使う「直観」という用語には、何通りの意味があるとかないとか、またそこには矛盾があるとかないとか、そんな専門家ふうの議論になる。彼が最も嫌った言葉の遊びである。

はっきりしているのは、言葉の在り方もまた「持続において思考する」のでなくては、決して捉えられないということだ。話すことは、単語にある語義を足し合わせて文の意味に行き着くことではない。単語とか、その語義とかいうものは、話す行為それ自体にとっては、ほんとうは存在していない。語や語義は、話し終わったあとの言葉の分析から引き出されてくる。ベルクソンにとっては、言葉とは一種の運動であり、運動が持つリズムの力それ自体と言ってもいいものだ。

私たちは、話す時どうしているか、それを考えてみればいい。話すのに必要なあれこれの単語を、私たちは、決してあらかじめ準備してはいないし、それらが持つ語義を決定してもいない。私たちは、〈話す〉という行為の中心に、あるいは〈言葉〉という領域の渦のなかに、一種の緊張を持って、一気に身を置くのである。そうすると、言葉は私の口から流れ出てくる。身体の全体が、それに必要な態勢をとる。そこから、いろいろな身振りも現われる。その時、どんな単語を、どんな語義で、幾つ用いているか、といったようなことは考えることもできない。話すのに忙しいからではない。話す行為にとって、そういうものは初めから存在していないからだ。

このことは、むろん書く時にも、ひとりで考え事をする時にも、まったく同じように言える。語の区切れや、それらに対応する個々の語義や、それらを並べさせる統語法は、私が語る行為を振り返った時に初めて生じるもろもろの停止点である。それらは、心の持続を振り返って知性が跡づける「心理状態」と、基本において変わりがない。現在の行動に向けて一定の収縮を繰り返す記憶の働きを振り返って、個々ばらばらの「記憶内容」が取り出される。それらの「記憶内容」もまた、持続のなかに無数の停止点を置く知性の操作から来る。言葉のなかに「語」や「語義」や「文」を見るのは、同じ操作による。

実際、知性による「語義」の抽出は、同じく知性による「記憶内容」の抽出と強い類縁関係を持っているだろう。ベルクソンの考えでは、「語義」とは、「記憶内容」の一種として習慣的に抽出される「一般観念」のことにほかならない。そういうものは、実在するのではなく、語る行為を振り返る知性の操作によって、不断に生み出されている。実在するのは、「語義」を貫いて進むひとつの行為、語るという行為であり、この行為は、言葉を発声する（あるいは、発声しようとする）身体の行為と結びついて初めて現実化してくる。

だから、ひとつの哲学が何かを語る、というのは、語義や定義や観念の選択によってではない。それらを複雑に結びつけたり、もっと大きな観念に総合したりすることによってでもない。哲学を外側から研究する人は、哲学の諸体系を、しばしばそんな具合に出来上がったものとして分析し、それらの間に同じ語彙、同じ観念があれば互いに比較し、その違いや共通点をあれこれ数え上げたりしている。が、哲学という「単純なひとつの行為」が、言葉によって成り立つのは、そういうふうにしてではまったくないだろう。「哲学的直観」と題する講演（一九一一年）のなかで、ベルクソンは次のように述べている。

そんなふうに思うのは、私たちは話すためにいろいろな単語を探しに行き、次に、それらを何らかの考えから一緒に縫い合わせるのだと、こう信じるようなものでしょう。ほんとうは、単語の上、文の上には、文より単語さえよりもずっとはるかに単純な何ものかがある。それが、意味なのです。意味は考えられたものであるよりは、思考の運動です。運動であるよりは、ひとつの方向です。胚の生命に与えられた衝動は、ひとつの原始細胞をたくさんの細胞に分割させ、さらにそれらの細胞は、完全な有機組織が形成されるに至るまで分割されます。思考行為もそれと同じです。この行為全体の特徴的な運動は、思考を、それ自身で増大する分割によって、精神の連続する諸平面に押し拡げていき、思考を言葉の平面にまで到達させることにあります。そこでは、思考は文によって、すなわち、出来合いの一群の要素によって表現されます。けれども、思考はほとんど任意に、その群の最初の要素を選ぶことができる。ほかの要素が、それを補足してくれる限り、そうなのです。同じ思考が、まったく異なる単語で構成されたさまざまな文のなかに、同じくらいよく翻訳されるのはそのためで、これらの語が、互いに同じ関係を持っている限り、そうなります。言葉の過程とは、こういうものです。そして、ひとつの哲学が形成される操作もまた、このようなものなのです。哲学者は、いろいろな出来合いの観念からは出発しません。せいぜい、彼はそこに到達する、と言えるだけです。そして、彼がそこに到達する時、彼の精神の運動に引き入れられた観念は、新しい生命で活気づきます。その観念は、文から意味を受け取る語と同じで、もはや、それが竜巻の外にあった時と同じではありません。(IP, p. 1358)

ここには驚くべき言語論があり、これを果てまで展開すれば、ひとつの巨大な言語学にまで行き着くだろうと思われる。だが、それだけではない。ベルクソンの言語論は、心、記憶、物質、器官、生物種、人間社会、宗教、等々を「持続において思考する」断固とした行為と縦横につながっている。彼の言語論は、そうした思考全体のなかでこそ、比類ない光を放つ。

ここで「竜巻」と彼が言っているのは、思考する行為についての比喩である。思考は、移動し続ける「竜巻」のような運動で、それは周囲にたまたまあったものを、いやでも巻き上げる。枯葉を、紙屑を、砂粒や埃を巻き上げる。竜巻がその形を現わすのは、そのようにして巻き上げた塵《ちり》によってである。塵がなければ、竜巻の姿は見えない。だが、間違えてはならない、とベルクソンは言う。塵は、この竜巻が姿を現わす「条件」ではあっても、決してその「構成要素」ではない。竜巻が、今この姿を取っている理由ではなおさらない。「塵」は、語や観念を指す。あるいは、その時代に流通する語彙、発想の型、自明になった思想や諸学の形態までをも指すだろう。そんなものは、みな「塵」だとベルクソンは言うのである。

世には哲学史家のような人たちがいて、いろいろな哲学体系を観念、概念の諸要素に分解し、それらの諸要素を通して体系を比較している。この哲学者の言う「実体」の概念は、別の哲学者の言う「実体」とどう違うか、ほかの概念とどう重なるか、そんな具合に哲学の〈歴史〉だの〈影響関係〉だのを描いているうちに、話はいくらでも複雑になる。その複雑な話を、さらにどんどん複雑にして貯えているほど、その人は哲学の専門的知識に精通していることになる。そうした面倒に耐えているからこそ、専門家の資格を持つというわけだろう。

けれども、実際には哲学はそんなふうにして生まれるものでも、維持されるものでもない。哲学することは、「単純なひとつの行為」である。あらゆる自発的行為が、その内部に持つ絶対の単純さを、哲学もまた持っている。いや、哲学なら、なおさら持つほかないだろう。これが、ベルクソンの考えである。デカルト、スピノザ、ライプニッツ、カント、バークレー、誰でもいい、彼らの著書をあくまでも熟読すれば、彼らを捕えていた思想の単純さに、いよいよ驚くようになる。それは、余りにも単純すぎて、言葉で言うことができない。ゆえに、彼らはその単純な何かをどうしても語ろうとして、語る上にも語ろうとして、あれだけの著述を行なうほかなかったのである。

哲学者たちを動かしているその単純な何かを、ベルクソンは「直観」と呼ぶことにする。呼んだところで、説明がうまく為されるわけではまったくない。それどころか、ベルクソン自身がたちまち「直観派」の哲学者として、歴史の棚に分類されるはめになる。その扱いに抵抗して、彼は「竜巻」の比喩を持ち出すのである。比喩をもって語ることは、この単純な何かを述べるのに、いつも極度に有効な手立てだからだ。

ひとりの哲学者が語る言葉は、その時代に流通する観念に初めは従っている。それらが流通する、という事実は、それらが前時代の遺物だということを意味している。たとえば、スピノザが用いる「実体」だの「様態」だのという面倒な言葉は、みなデカルトの文脈から拾い出されている。スピノザが、それらの言葉を用いるのは、彼がただデカルトのあとに生まれ、その影響が及ぶ範囲の場所に棲んでいたということを意味するだろう。そして、実はそのことしか意味しないのである。彼がデカルト以前のどこかに生まれていたら、どうだろう。彼の哲学は、今あるのとはまったく違う用語法、観念体系で表現されたことだろう。しかも、そこにあるのは、やはり彼の哲学であっただろう。その哲学を生み出し、支え続けた単純な行為であっただろう。ベルクソンは、そう言っている。

これは、何でも〈歴史の必然〉でものを見たがる哲学史家には、容認し難い考え方である。が、ベルクソンは、ここでひとつの考え方を述べているのではない。哲学と呼ばれる「単純なひとつの行為」を、その「持続において思考する」なら、現われてくるほかない彼自身の圧倒的なヴィジョンを語っているのである。

4　手仕事の効用、感覚の教え

常識は生活の知恵であり、生活の知恵は行動する手段だから、行動に役立たないものは、何でも捨てる。そういうものは、なかったことにする。これはこれで、必要な正しい態度だと言える。ここで使われるのは、日常の言葉、世の中での意思疎通を目的にした会話の言葉だから、世の中が混乱している分だけの混乱は、会話の言葉にもあることになる。こうした言葉の混乱を、科学は自分固有の記号の発明によって抜け出した。数学記号は、そのお手本になった。

科学の正確さは、物質を捉え、人間の行動のために利用する時に必要な正確さである。そのためには、科学の知性は宇宙や自然から純然とした物質の性質を引き出し、固定し、互いに関係づけることをためらわない。科学が、生命や人間社会や精神のほうに探究を拡げていく時も、それらが物質との間で持つ相互の浸透や連関から、科学は目を離さない。ここでも科学が、実験や観察や法則化に徹するのは、それが用いる知性の本性から言って正しいこと、当然なことだろう。

直観を方法とする哲学者は、その対象を持続そのものに置くから、ここでは科学が用いるような明確に固定された記号は、むしろ禁物になる。日常の言葉を、そのように使用することも哲学者にとっては禁物だと言える。彼は、対象となる持続を、まさに「持続において思考する」。そのような思考を表現する言葉は、言葉自身が持続のなかでその運動性を取り戻すのでなくてはならない。彼の執着は、運動にあり、持続の生成にあり、同時に、それを語る言葉にもあるだろう。

哲学の言葉は、決して個々の単語、語義、観念、あるいはさまざまな定義や命題の前に読者を立ち止まらせてはならない。彼の言葉は、言葉自身が持つ運動、そのリズム、リズムがもたらす一種の抑揚、そうした何かと完全に一致した「意味」によって語られなくてはならない。そうした言葉は、それを受け取る者のなかに同じ波動を引き起こす。哲学者を理解するとは、このような波動を、自分のうちで経験することにほかならない。これは異様なことだろうか。そんなことは少しもない。言葉とは、また言葉の意味とは、本来必ずそうしたものなのである。

日常会話は、生活上の伝達を目的にして形成されている。生活の知恵は、物質をうまく利用するために働くから、これはもともと科学の基礎をなしていると言える。が、ヨーロッパの近代科学が純粋な科学となったのは、それが日常言語にある曖昧さ、状況への依存とはっきり手を切った時である。近代科学が理想とした言語は、古代ギリシアの数学のなかにすでにあった。科学の記号は、数学の場合のように、記号が表わすものと意味との間に一対一の関係を作って、どんな状況にも、気分にも依存していない。物質を正確に思考するとは、こうしたことである。こうした思考だけが、知性による純粋科学を唱える権利を持っている。

だが、人間の知性そのものが、日常会話の曖昧さとすっかり手を切るというわけにはいかない。多くの哲学者が夢見た「普遍言語」の構想は、結局のところ、近代科学が手に入れた数学言語を、哲学の全体に拡大適用しようとするものだろう。そのような言語、知性の記号体系は、哲学が対象とするものに適用され出すや、不正確極まりないものになる。不自由で、大仰で、隙間だらけで、結局は、いい加減な、ありきたりのものの言い方になってしまう。そういうものは、たとえばバルザックが、さまざまな笑いの種として見事に『人間喜劇』に書き込んだ。

日常の言語は、会話のためにあるから、それに必要な共通性を持たないわけにはいかない。この共通性は、社会の便宜的要求によっているから、要するに馴れ合いの上に成り立っている。知性は、数学言語と手を結んで洗練され、近代科学の成功に行き着いたが、会話の言葉に縛られたままの共通知性は、科学の威光を借りて何になったか。たとえば、社会生活の、その時代その時代の気まぐれな安定に寄与する、わかったふうな理屈になった。それが、高級思想として幅をきかせたり、道理の通った見識としてありがたがられたりするのだけは、御免であると、ベルクソンは言っている。

世間で「知的（intelligent）」だと呼ばれている人たちがいる。こういう人が持っている「一般的知性」は、会話の言葉を巧みに操る。ベルクソンに言わせれば、彼が持っているのは「いろいろな概念を「理性的に」按配し、さまざまな単語をうまい具合に扱う能力」（In-2, p. 1323）にほかならない。「理性的に（raisonnablement）」というのは、ただ「もっともらしく」という意味である。この「知的」な人の言うことは、なぜもっともらしいか。いろいろなお馴染みの概念を上手に結びつけて、誰でもたやすく理解できる結論を引き出す技術に長《た》けているからだろう。「序論」の言い方を聞いてみよう。

彼が、日常生活の事柄に堅く止まっている限りは、彼について、それ以上とやかくは言えまい。いろいろな概念は、日常生活のために作られているのだ。けれども、単に知的なだけの人が、科学の問題を解決することに口出しをするとなれば、これは認められないだろう。科学へと正確化された知性は、数学的、物理学的、生物学的な精神となっていて、言葉をもっと適切な記号に置き換えている。哲学においては、こうした口出しは、なおさら禁じられるだろう。この領域では、課された諸問題は、もはやただの知性には属していない。ところが何と、この知的な人が、ここでは有能な人で通っているありさまである。このことに対して、私はまず抗議をする。私は、知性を大変高い位置に置いている。しかし、「知的な人」の言うことなどは、どうでもいいのである。(In-2, p. 1323)

「知的な人」は、言葉だけで何でもすぐわかった気になり、批判するのも早い。けれども、科学であれ、哲学であれ、事物をそのあるがままの「関節(articulation)」に沿って扱おうとした経験のある人なら、探究に際しては精神が「驚きから驚きに進む」ものだということ、その驚きは会話の言葉にはなり得ないものだということを、よく知っている。通りがいいだけの、ただの意見と、ほんとうに在るものとの間には、何という大きな違いがあるか。「知的な人」は、ほんとうに在るもののことなど、少しも気にかけていない。彼の興味を引くのは、自分と似たり寄ったりの他人の意見であり、それを素早く批判して、こちらが優位に立つことである。

そういう人は、言葉のうちに蓄えられた曖昧な知識を取り集め、再整理して、自分は何でも知っているかのように話す。こんなやり口が、物理学や天文学に通用すると思う人は、もはやあるまい。「ところが、哲学においては、こういう振る舞いがまかり通っている。出来合いの観念を退けて、事物と接触をとるために、働き、闘い、苦労した人の前に、「理にかなった（raisonnable）」結論と称するものが対置される始末である。真の探究者なら、抗議すべきだろう」（In-2, p. 1324）。「序論」の終わりに至って、ベルクソンの積年の怒りが爆発している。こういうことは、彼のほかの著書では決して見られないことだ。

彼のこの怒りは、哲学の世界では、衆寡敵せずという孤独なものだったし、科学の世界では誰も関心を持つことのないものだった。また、科学者というものは、正直であるほど自分の領域に没頭するものだから、社会生活の曖昧な事柄には、曖昧なままで身を処している。この人が、世界的な大物理学者だという評判が世間で立てば、新聞記者はこの人にいろいろと意見を求めに行く。人生について、芸術の将来について、好ましい政治について、平和への見通しについて。この人の具体的な探究行為とは別に、人間には何でもわかる知性一般のようなものが存在し、その知性の優秀さで、彼は何についても優れた意見を持っているはずだと思う。それで、科学者がぺらぺらしゃべり出すとすれば、しゃべっているのは彼のなかの科学者ではない。ただの〈もっともらしい人〉である。こんなおしゃべりから、人は一体何を学ぶというのだろうか。

これでは、まるで、真の優秀性が最も大きな注意力ではないかのようだ！　まるで、この注意が、ほかのどの対象でもない、まさにこの対象に向かって、必然的に特殊化されたもの、言い換えれば、自然や熟練によって向きを与えられたものではないかのようだ！　まるで、この注意が、直接のヴィジョン、言葉のヴェールを貫いて進むヴィジョンではないかのようであり、まるで、話すことをかくも容易にするのは、事物への無智そのものではないかのようだ！　私はといえば、科学的認識と技術的能力とを、直観的ヴィジョンと同じだけ重んじている。私は信じる。物質的にも精神的にも創造すること、物を作り、自己自身を作ることは、人間の本質であると。(In-2, pp. 1324-1325)

人はおしゃべりによって偉くなるのではなく、物を作り、自己自身を黙って作ることによって偉くなる。偉くなるとは、あえて言うなら、〈神意にかなう者〉になるということだ。ベルクソンがそんなふうに考えていることは、少なくとも『道徳と宗教の二源泉』をよく読めば、紛れることのない確かさでわかる。

「序論」を閉じるにあたって、彼は学校の教育のことに、どうしても触れておきたくなる。「知的な人」を育てると称して、空疎なおしゃべりに終始する学校の教育課程が、彼は心配でならない。そこで、彼は教育に際しての「手仕事 (le travail manuel)」の大切さを強調したりする。工作の授業は、お遊びの時間ではない。ベルクソンに言わせれば、ふたつの意味で、「手仕事」をさせることは教育の根幹である。

第一に、「手仕事」は、物質を扱う知性の発達や活気づけに、この上なく役立つ。自然が人間に知性を与えたのは、好きなだけおしゃべりをさせるためではない、物質から利益を引き出して、行動させるためである。そこに知性本来の機能があるのなら、物質を相手に四苦八苦する学習ほど正しい知性教育はないだろう。が、それだけではない。

第二に、この学習によって、子供は、おのずと物を作る時の発明的な精神の働き方を知るようになる。出来上がっている結果を眺めさせるのではなく、それを生み出す方法に習熟させること、これは職人なら当然の学び方である。これを、どうして学校の教育に取り入れないのだろうか、とベルクソンは言う。物に触れ、触れる感覚を鋭敏にする、それを研ぎ上げて知性と一体にし、感覚から精神への通路を子供のなかに開くこと、これが大事なのだ。

このことは、人文的《リテレール》な学問であろうと、自然科学であろうと変わりない。子供は、作ることをごく自然に好む。発明や探究によって、その心を活気づかせる。あらゆる社交上のおしゃべりには、まったく関心がない。言葉による説明に頼りすぎた社交的教育が、この芽を摘んではならない。子供から、自然な成長力を奪い、生きる喜びを奪ってはならないのである。大人の社会生活は、いつでも安定を必要としている。そこでは、運動よりも静止が、発明よりも出来上がった物が、生成よりも状態の並置が好まれる。が、教育とは、子供を社会化するための退屈な訓練ではない。子供のなかにある成長力を、子供自身に引き出させるための道筋でなくてはならない。

人文的な教育のなかで一番有効な方法は何か。たとえば、「大作家」の作品について、子供が教師と一緒に感想を述べ合ったり、議論したりすることか。そんなことは、子供をおしゃべり好きにする一手段に過ぎないだろう。ここでも、物を作ること、身体を用いてみることが、一番大事である。「大作家」は、どのようにして理解されるか。声を出してその作品を読みながら、彼を真似ることによってではないか。ここで、ベルクソンが小、中学生に求めている読書法は、そのまま、彼の哲学の方法に厳密に一致している。そのような技法のなかにも、彼が行なう哲学のすべては見出されるのだ。

つまり、子供は、まず作品を発明し直すのでなくてはならないだろう。言い換えれば、作者のインスピレーションを、ある点までわがものとしなくてはならないだろう。作者の足跡を踏み、その身振り、態度、歩み方を真似るのでなかったら、どうしてそれができよう。大きな声で読む、ということがまさにそれである。知性が、あとでそれにニュアンスを添えに来るだろう。しかし、ニュアンスや色彩は、デッサンがなければ何ものでもない。あの知的理解なるものより以前に、構造や運動の知覚がある。読んでいる頁のなかには、句読法の区切りやリズムがある。しかるべき徴《しるし》を設け、パラグラフ内でさまざまな文が持つ、また文中でさまざまな部分が持つ時間的諸関係を捉え、感情や思考の高まり《クレッシェンド》を間断なく追い、ついに音楽的に最高潮が標《しる》される点まで辿ること、朗読法とはまずそれである。これを、お稽古事として扱うのは間違っている。朗読法は、勉強の最後に来るお飾りではない。それは、支えとして、初めにあり、また至るところにあるべきだろう。その他の一切が、朗読法の上に載せられるだろう。物事についておしゃべりすることが肝心だとか、物事について話ができれば、それを充分知っていることになるのだとか、そんな錯覚にまだ屈していないなら、それは明らかである。ほんとうは、人が何事かを知り、理解するのは、それをある程度まで発明し直せる時だけである。ついでに言うと、私が今述べたような読書の技と、私が哲学者に勧める直観との間には、ひとつの類比《アナロジー》がある。世界という大きな書物のなかで選んだ頁のなかに、直観は、組成の運動とリズムとを改めて見出し、創造的進化のうちに共感によって入り込み、それを生き直そうとするのである。（In-2, pp. 1326-1327）

哲学と読書法との間にある「類比《アナロジー》」は、話の喩えではない。それは、実在する同じ事実であり、大文学をなす書物は、世界と同じだけの組成《コンポジション》を、世界と同じだけの運動とリズムとを、そのうちに秘めているものである。これを読む技は、これを創り直す技と同じであるほかはない。

5　〈深さ〉において思考する喜び

子供の教育に対して、ベルクソンが勧める「手仕事」は、知性と直観とが私たちの身体のなかで最もしなやかに統一されて働く場所のことだと言える。宇宙は、生命の傾向と物質の傾向とのふたつで満たされており、この事実から逃れることは、誰にも決してできない。できないということを、私たちの身体は、刻々に証している。この〈私の身体〉という二重性を離れては、誰の知性も直観も働くことはないのだから。

知性は、日常生活に没頭する時には単なる常識であり、身体のありようと密着している。したがって、そこでの行動はごく限られたものになる。科学は、知性がこの限界を特殊な記号操作によって超えようとした時に、人間界に出現した。科学の知性は、個々の身体をはるかに超えた一般的な計測や予見や定式化を可能にさせた。けれども、これが知性の一種である限り、身体の有用な行動を目的にして働く能力であることに少しも変わりはない。科学が記号化する宇宙の一般法則は、どこまで進んでも、身体の行動を基礎にしている。でなければ、科学技術は何の役にも立たないだろう。また、科学の計測は宇宙の何にも触れていないことになるだろう。

直観もまた、日常生活に没頭している時には単なる常識である。それは身体の二重のありようと密着し、物に向かっては知覚として働くしかない。そういう時の直観は、常識としての知性から区別し難いだろう。けれども、常識としての直観は、物質を抽《ひ》き出したり、利用したりするために働くのではなく、ただ身体を取り巻くものの内側から、そのすべてを感じ取っている。手にした氷の形を、長方形に知覚したりするのは、それを利用するためだろう。が、その冷たさ、肌に触れるニュアンス、水に溶けていく変化の流れ、そういうものは、身体がいやおうなく感じさせられるのである。常識のなかの直観は、すでにこうした知覚、あるいは感覚のなかにはっきりとある。

科学の知性は、知覚から出発するが、特殊な記号の操作によって、その知覚を超えていく。身体による知覚を、科学は否定して踏み越えていくのだと言ってもいい。直観は、知覚を否定しない。否定するどころか、知覚のなかに降りていき、どこまでもそれを深くし、押し拡げていく路を進もうとする。知覚は、深くされ、押し拡げられるほど、行動の際の有用性からは遠ざかる。当たり前のことだろう。

『物質と記憶』の第一章が定義していた「知覚」は、身体の行動が物質をその有用な部分で切り取ること、あるいは物質を、言わば少なくして、その利用可能な分だけを受け取ることだった。物質のこのような縮減（réduction）がなければ、知覚というものは成り立たない。これは、「知覚」を「記憶」との関係で説明する際の、純粋に理論的な定義でしかない。実際の知覚は、身体の行動そのものであり、その行動は変化し、持続し、記憶を取り込んで絶え間なく自己生成していく。知覚はそのなかで、自己自身を深くし、拡張する努力そのものとなっていくことができる。

実際、『思想と動くもの』に収められた講演「変化の知覚」（一九一一年）では、人間の知覚はそうした努力そのものとして語られている。行動のための人間の知覚は、余りに不完全、不安定だから、科学はそれを特殊記号の操作に置き換えて、厳密化する。それは、有用性の言わば表面において厳密化され、一般化されるのである。科学の知性は、知覚をこのようにして否定し、乗り越えていく。けれども、知覚の不完全、不安定を乗り越えるのには、また別のやり方があるとベルクソンは言う。それは、私たちの意志が、知覚自身のなかに入り込んで、それを拡大、深化するやり方である。こうすれば、物は記号に置き換えられることがない。知覚は、精神の働きから締め出されることはない。そんなやり方が、一体可能なのだろうか。

ここで、「変化の知覚」が持ち出している「芸術家」の例は、有名なものである。「知覚」は、概念にも記号作用にも置き換えられることなく、それ自身で拡大、深化させることができる。たとえば、ターナーやコローのような画家の仕事は、実にそのことを証していると、ベルクソンは言っていた。芸術家は、芸術特有の記号を使って勝手な想像やファンタジーを織るのではない。彼のする仕事は、まず何よりも、自然への知覚を、実在と身体との直接の接触を、生活への注意から解放することにある、と。

海辺に向かって開かれたターナーの絵は、光の色に溶けかかって、明確な事物の輪郭を失いつつある。この知覚は、ターナーの幻想、空想といったものではない。むしろ、実在に向かって意志された努力のなかにある。この光は自然のなかに実際にあるものであり、日常生活の必要が、ヴェールをかけて、私たちには見せないようにしていたものである。けれども、私たちは、このヴェールが薄く、極度に薄くなる無数の瞬間を、私たち自身の生のなかで絶えず経験している。経験しては、瞬時に打ち棄て、忘れ去っていく。そういう諸瞬間に、私たちの記憶は満たされている。でなければ、どうして私たちに画家の仕事がわかる瞬間が、彼の絵が視える瞬間が訪れてくるだろう。

このように深くされ、押し拡げられた知覚は、「ヴィジョン」になる。ベルクソンにあっては、「ヴィジョン」は「直観」の別の言い方にほかならない。「直観」は、日常の知覚からの連続で語られれば「ヴィジョン」と呼ばれるだろう。ターナーの「ヴィジョン」は知覚であるから、物質に向かうしかない。彼の描く光は物質である。けれども、この物質は自然のなかにあり、自然は不断に自己を作り出す宇宙の生成のなかにある。だから、ターナーの知覚、ヴィジョンの対象は、生活への注意が抽《ひ》き出す「原物質」ではない。「自然」という持続そのもののことである。ベルクソンにおいては、持続それ自体を対象とする、あるいはむしろそのうちに入り込む知覚は、「直観」と呼ばれる。それだけのことである。

芸術家の仕事が用いるヴィジョンと、哲学の「直観」とはどこが違うのだろうか。ふたつが大変近い関係にあることは、疑いようがない。哲学は、科学から学ぶのとはまったく反対の方向で、時に科学から学ぶよりもはるかに高い強度で、芸術のヴィジョンから直接に学ぶことができる。芸術と哲学の違いは、どこにあるのだろうか。一方が〈芸術記号〉を用い、他方が論理に従った〈概念〉を用いる、というようなことは、もちろん誰にでもすぐわかる。それなら自然は、なぜこれらふたつの用具、〈芸術記号〉と〈哲学の概念〉とを人間の能力に配分するのだろうか。

ベルクソンは、言っている。芸術は、知覚を膨張させ、自然のなかの隠れた無限の細部を、変化と運動を、私たちに知覚させてくれる。そのことが私たちに与える満足、喜びは、すでにそれだけで限りない。けれども——

芸術が私たちの知覚を膨張させるのは、深さにおいてよりも、むしろ表面においてです。芸術は、私たちの現在を豊富にさせますが、めったに現在を超えさせることはありません。哲学によって、私たちは、現在をそれが引き連れている過去から、決して切り離さない習慣を身に着けることができるのです。哲学のおかげで、ありとあらゆるものが、深さを獲得します、――いや、深さ以上のもの、第四次元のような何か、先行する知覚を、今ある知覚に結びつけたままにできる何か、直接の未来それ自身を、現在のなかに部分的に現われさせることのできる何か、そういうものを獲得するのです。(「変化の知覚」、PC, p. 1391)

このような哲学は、芸術が与える以上の喜びを与える。ベルクソンは、そうはっきりと信じていたに違いない。それは、なぜか。まず、芸術のヴィジョンは、たいていの場合、身体による知覚、あるいは身体の内なる感覚に強く根を持っている。それは、身体が宇宙の物質的傾向と触れるこの瞬間、この現在といつも結びつき、そこで活動している。哲学の使命は、そうした現在を潜在的な持続に送り返すこと、知覚に与えられる一切を「持続において思考する」ことである。その意味で、哲学とは、身体から発して身体を超えていこうとする思考の忍耐強い努力である。

この思考が、いったん為され始めると、硬く静止したすべての事物は、運動を始め、運動それ自体になり、熱を帯びて私たちの魂を運んでいく。現在は、切れ目ない運動を通して過去とつながり、未来のリズムを直接に響かせ、言わば永遠の現在となって脈打つようになる。哲学とは、永遠の現在についてのこの経験であり、どんな観念でも、認識体系でも、またむろん、整理された哲学史でもない。この経験によって、すべての人は〈深さ〉において生き始める。深さにおいて生きる、その喜びを手に入れる。要するに、私たちは、これまでよりもはるかによく、はるかに多く生きるようになるだろう。

それは、芸術が、ほんのひと握りの芸術的天才の創造に委ねられているのとは、まったく違うことなのである。哲学の種子は、まず何よりも生活し、そして生活するだけでは足りないと感じるあらゆる人々の手のなかに、いつもはっきりと委ねられている。哲学は、そのように生きる人々の生活を、休むことなく熱くし、強い光で照らし出す。ベルクソンは、そのことを説いて、倦むことがなかった。

> 実際、すべてのものを、持続の相のもとに思考し、知覚する習慣を身に着ければ着けるほど、私たちは実在の持続のなかに深く入り込むようになります。そのなかに入り込めば入り込むほど、私たちは根元の方向に身を置くようになります。その根元は、超越的ではあっても、私たちの身の内を流れている根元です。その永遠は、不動の永遠ではなく、生命の永遠です。でなければ、どうして私たちが、永遠のなかで生きることができるでしょう、活動することができるでしょう。そのなかで、私たちは生き、動き、在る

のです。(PC, p. 1392)

私たち人間の生が、物質のなかを貫いて身体を持つ限り、私たちのうちに知性と直観が育つことは、避け難いだろう。何度も述べてきたように、知性の目的は、有用に行動することにある。知性から育った科学は、うまく使えば人間の暮らしを安楽にし、楽しませもする。では、直観の目的とは何だろう。

直観の明らかな受動性を考えれば、これに何らかの目的があるとは考えにくい。直観は、いやおうなく、それ自体で与えられている。けれども、直観を種子にして、どこまでも育つ「哲学」は、みずから意志した目的を持っている。それは、科学が与える「安楽」や「楽しみ」とは、まったく何の関係もない「喜び」というものである。この「喜び」は、『道徳と宗教の二源泉』で、ベルクソンが達した結論に従って言えば、神が神自身の「愛の対象」を作り出し、それを愛する時の喜びと同じものである。あるいは少なくとも、同じ方向のなかでのみ生きていくものだ。

このように述べてきて、私はまたベルクソンの哲学遺書たるあの「序論」に戻っている自分を感じる。その遺書を書き終わるにあたって、彼はまるで、信ずるべき未来の愛読者に念を押すかのように言っている。

緊張、集中、こうした言葉で、私は、新しい問題ごとに、まったく新しい努力を精神に要求する方法を特徴づける。私は、『創造的進化』に先立つ自著『物質と記憶』からは、真の進化説を引き出すことが決してできなかった（引き出せば、見かけだけのものになっただろう）。『意識の直接与件に関する試論』からは、その後に『物質と記憶』で示したような心身関係論は、決して引き出せなかった（引き出せば、仮説の域を出ない構想に終わっただろう）。さらに、私は、『意識の直接与件に関する試論』の前に、私が執心していた疑似哲学――要するに、言語のなかに蓄えられた一般的な諸観念――からは、私があの最初の著書で示したような持続と内的生命に関するもろもろの結論を、決して引き出すことができなかった。私が、真の哲学的方法に開眼したのは、内的生命のうちに経験の最初の領域を発見し、言葉の上の解決を擲《なげう》った日に遡る。(In-2, pp. 1329-1330)

だから、ベルクソンに四つの主著があるということは、彼がただ四冊の本に自説をまとめたというようなこととは、まったく違う。彼には、五冊目の主著を書く必要は、少しもなかった。彼の生涯の四冊は、そんなふうにして書かれたのであって、それは彼が全力でなし続けた生の努力を、音楽的円環のように描き出して、余すところがないのである。本書の初めで触れた奇妙な、驚くべき彼の「遺言状」は、彼の著書を、その哲学を理解しようとする者なら、必ず徹底して受け容れるのでなくてはならない。これによって、彼は私たち後世の読者を、試していると言ってもいいのだ。この「遺言状」の意味を、諸君はほんとうにわかってくれるだろうか。わかってくれないのなら、私の著書は、読まれなかったに等しい。彼は、そう言っているのである。

ところで、彼が『思想と動くもの』の「序論」を書いた一九二二年には、『道徳と宗教の二源泉』は、書かれていなかった。まだ、準備中であった。それで彼は、「序論」の末尾に書き足している。私には、これまでの三つの主著を延長しただけでは、どうしても取り上げることのできない重要問題が残されている。だが、私は、その問題のために、その問題だけに必要な時間と力とが与えられない限り、決してそれには答えないだろう。そして、最後の一行に言う。「人には、本を書かねばならない義務などは、決してないのだ」と（In-2, p. 1330）。

この日から、十年ののちに、彼の最後の著書はなった。ベルクソンの生涯は、このようなものだった。

補　章　哲学の未来のために

1　科学の半身たるべき哲学

前章までの叙述で、一応この本の組み立ては終わっているのだが、これを最初に刊行してから、すでに十一年近くが過ぎた。読み返してみると、述べ足りないところは、当然あちこちに感じられる。何についてであれ、書き尽くされた本というようなものはあり得ないのだから、私としては、それでよい。ただ一点、昨今の時流にあって、これだけは書いておきたい、念を押したい、ということがあるので、補章として述べさせてもらいたい。

人工知能（ＡＩ）と呼ばれるものの近ごろの技術上の進歩には、始めの内は野次馬のように面白がり、気楽に期待していた人たちも、次第に幾ばくかの不安を抱くようになってきた。希望よりは、むしろ何か危険なもの、人間生活の恐るべき否定につながるようなものを、じわりじわりと感じ出してきている。使用に当たっての世界中での法規制が、手探りで考えられているようだが、むろん、私ら素人には結局何のことだかわからぬ。いや、専門研究者にも、ここに現われて来ている問題の全体は、とうてい把握し得ないだろう。気が付けば、人類の未来が根本から問われ始めている。

ベルクソンが生きていたなら、どう考え、どう語るであろうか。私は、近ごろいよいよそれを思う。なぜなら、彼こそ、はるか以前、十九世紀の終わりから、ここに起こっている問題の意味を、自身の哲学の中心に置き続けていた、ほとんどただひとりの人だったからだ。晩年の彼には、その在り方の何もかもが観えていたに違いない。

科学というものが、古代の形而上学から完全に手を切り、実験、観察、推理、論証だけを掲げて、はっきりと成り立ったのは、ヨーロッパの十七世紀からである。この態度、方法は、今日の科学に至るまで、何ら変わることなく続いている。始まりは、ケプラーの天文学であり、その説を地上に降ろして近代物理学を拓いたのは、ガリレオ、ニュートンという二人の天才である。

彼らが一貫して信じ得る道具としたのは、古代ギリシアですでに完成の域に達していた数学記号であった。ただし、彼らはその記号体系を、天上のイデア、神から降る形相《けいそう》、という証明しようのないものから切り離した。数学記号が表わす純粋な諸関係は、始めからこの地上にあって、地上で知覚できる実体を意味づけ、関係づけている。これは、今も変わらぬ自然科学の前提であろう。

近代科学は、古代哲学の束縛から離れて、地上で経験、観察できる物質の数学記号による関係づけとなった。古代のイデアは、不動で永遠の特権ある形姿によって表現されるべき実体であったが（古代ギリシアの静止した彫刻を見よ）、近代の科学が描く物の諸関係は、そのような特権とは何の関係もない。それらは、地上にあって変化し続ける等価で無数の瞬間しか意味しない。神なき、イデアなき物質世界の連続変化が、純粋にして不連続な数学記号の表記だけを取って、人間世界に現われたのである。

古代では、科学とひとつであった天上の、イデアの哲学は、その時、どうなったか。並外れて優れた数学者でもあった近代の哲学者たちは、その時代の形而上学をどのようなものとして書き換えねばならなかったか。十七世紀のデカルト、スピノザ、ライプニッツらが、近代の科学に対して立てた哲学の役割は、表面上の相違はいろいろと含んではいても、根本では共通している。

彼らの哲学は、地上にあって等価な物の連続変化を、天上の「神」のもとにある不動の全体のなかに位置づけようとした。つまり、近代科学によって記述される法則の一切が、ほんとうに在ることの窮極の保証を、「神」という不動の実在に委ねたのである。このような「神」は、ただ科学の認識が真であることを保証するためだけに呼び出される何か空っぽの存在だが、やはりその発想の根元を、古代にあったイデアの哲学から得ている。

地上に降り立ち、物の連続変化をひたすら追うことを望んだ近代科学は、それにふさわしい哲学を同時代に持つことができなかった。物質は宇宙の半面に過ぎぬ。あとの半面たる生命を、地上にあるこの身の連続変化のなかで適確に追う精神の努力、これを新たに哲学と呼ぶならば、実は近代の科学が、言わばみずからの半身として待ち焦がれていたものは、こうした意味での「持続の哲学」ではなかったのか。

以上、手短に要約したことは、『創造的進化』の第四章で詳細に、執拗なまでに粘り強く書き抜かれている。まさにベルクソンは、いまみずからが切り拓いている地上の形而上学、「経験の哲学」こそ、近代科学の半身として、ほんとうは求められているものだ、と考えていたのである。その意図に、科学者も哲学者も気づいてはいない。当時も今もだ。

物質を扱う実験の科学は、生命を、あるいは精神を扱う経験の哲学と正確な対を成し、ふたつは互いを照らして補い合いながら、ついには、物質と生命とを含んだ「持続の全体」へと手を携えて達するのでなくてはならぬ。それは、可能なことであり、哲学にとっては避けられない義務でさえあるだろう。義務を怠ればどうなるか。半身を欠くままでの物質科学の異様な発達は、近い将来に人類の精神を呑み込み、喰い尽くすに違いない。ベルクソンが、すでにそのことを見通していたことは、彼の著作を熟読すれば、はっきりとわかる。

十八世紀ドイツに現われたカントの認識哲学は、さすがに神による真理の保証から明確に手を切っている。しかし、それは、哲学と呼ばれる精神による精神の認識を、地上の経験に引き降ろして立て直すことによってではなかった。カントは、一切の経験に先立つ「悟性の形式」なるものを、天上のイデアに替えて仮定しただけである。

彼は、一方で、形而上学から解放された経験の科学を無条件に受け容れ、他方では、そうした科学を可能にさせている思考の「形式」が、私たちには生まれつき備わっているのだと宣言する。これは、プラトンに替わる、新型の独断論にほかならないだろう。ここから、そのような「形式」の外に在る「物自体」は、つまり実在は、科学者にも哲学者にも永遠に認識できないという、驚くほど謙遜な結論に行き着く。

　経験の科学を支えて、その半身となるはずの形而上学は、やはり経験の哲学なのでなければならぬ。科学が、ありのままの物質を、実験のなかで取り扱うように、哲学はありのままの生命を、自身の経験を通して究めていかなくてはならない。ふたつの探究は、二種の実在を、相互の浸透と分離とのなかで、いつの日か必ず捉え切るであろう。そのことを、ベルクソンは最初の主著『意識の直接与件に関する試論』から、第四の主著『道徳と宗教の二源泉』に至るまで、実に一貫して語った。

　経験の科学は、その対象を物質とした時、どこまでも進む。科学の知性は、惰性によって繰り返される物のうちに関係と法則とを立てることに最も適している。この能力は、物に外側から働きかけ、物から有用な側面を、予測可能な諸関係を引き出すために、脊椎動物の進化した知性が研ぎ上げて来たものだからである。

　当然ながら、十八世紀のカントには、生物進化がもたらした結果としての知性、という考え方は一切なかった。知性は経験以前に与えられた形式化の能力、という独断が、彼の眼を曇らせているとベルクソンは見た。その結果、カントや多かれ少なかれ彼に連なる哲学者らは、知性が取り仕切る科学は、宇宙の一切を扱い得る、と思い込んだ。一切とは、むろん物質も生命も、という意味である。

　だが、実際には、知性が関係づけの能力によって正確に、完全に扱い切れるものは、やはり惰性によって繰り返される物質のみだ。知性は、脊椎動物が獲得した行動の能力であり、それが人類に至ってどれほど拡大していようと、本来の性質を変えることはない。知性は対象を観察し、分析し、有用な関係づけを法則にして固定させ、これから起こることを予測する。数学の諸記号は、これを行なうのに最も適した道具であり続ける。

知性による物質の分析は、それが有用である限り、私たちの知覚能力をはるかに超えて、どこまでも進み得るであろう。電子、量子、素粒子といった単位の符号は、それらを操作することが物から利益を引き出すのに役立つ限り、いよいよ進んでいく。しかし、そこで扱われているものは、宇宙の半分である。あとの半分には、惰性でも繰り返しでもないもの、絶え間なく生み出される新しい質の生成がある。すなわち、生命がある。これを、純粋に扱い得るものは、知性ではない。精神の内にあって、知性を超えた何ものかである。ベルクソンが、それを一応「直観」と呼んでみたことは、すでに本書で詳しく述べた。

2 「共感」という事実

生成を捉え得るものは、「直観」しかない。生成を他の何ものにも置き換えず、それ自体に内側から入り込むものは、「直観」である。その能力は、私たちの生の全体に行き渡って潜み、知性による分析が動き出す手前で精神のなかに働く。これは、動かし得ない事実であって、神秘めかした教説など入り込む余地は微塵《みじん》もない。

むろん、「直観」には、強さ深さに無数の度合がある。他人の気持ちが、わが身に沁みてわかる、という場合にも、すでにはっきりとこの能力の働きが在り、これが測り難い大きさを持った創造にまで進む、という場合もある。いずれにせよ、「直観」が入り込んでいる経験の内側は、分析できず、数や図形の関係にも固定できず、ただ生動する変化の抑揚だけが直接に感じられる。

ここで捉えられているものを、哲学が示して語るには、当然ながら言葉が要る。概念に分解し、固定する何らかの言い回しがなくては、哲学は成り立たないだろう。そこには、語の意味を柔軟にし、比喩の彩りをもって多彩に働きながら、意味の中心を新たに移動させ、前進させていくような、独特の技法が要る。哲学の言葉が研ぐべきその技法は、ベルクソンのすべての著作がこの上なく鮮やかに示していた。

哲学に求められるものは、何よりも「正確さ（précision）」だと、彼は繰り返し述べていたが、この正確さは、物質科学が数学の諸記号を用いて表わす法則の厳密さと、まさに対称を成すものであろう。このような科学の厳密さは、固定された対象が、物の関係を支える限られた諸単位に分解され、それらの組み合わせが、あくまでも一定の法則に従うものであることから来る。分解が進めば進むほど、諸単位は単純で少数で、ただ何らかの記号や概念に対応するだけの原子になる。物質世界のすべては、これがいかに広大無辺であろうと、科学が分解する諸単位の整然として規則だった組み合わせに還元され得る。

つまり、科学の正確さは、細分された諸単位に応ずる記号操作の首尾一貫した厳密さである。哲学の正確さは、このような記号操作の繰り返しに、むしろ徹底して抗うことから得られる。哲学の対象は、精神であり、生それ自体であり、そこから絶え間なく涌き起こり来る創造である。同一のものの繰り返しは、科学が対象とする物質の側にあって、哲学の扱うところにはない。

哲学の正確さもまた、経験が与える対象の性質にぴたりと合致する努力から来る。このこと自体には、物質を扱う実験の科学と何ら異なるところはない。したがって、対象の性質が変われば、それを扱う方法もまた徹底して変わる必要があろう。用いる記号の性質も根本から作り替えなくてはならぬ。科学が精錬した知性によるさまざまな概念を、哲学が気軽かつ粗雑に借用し、精神の模造品を構成するならば、それこそが、哲学の曖昧さを明かし、役立たずの化けの皮を証する恰好の徴《しるし》となろう。

精神の純然たる生成を取り扱う哲学の言葉は、記号とその意味とがいつも一対一で結びつくような科学の表記法は採り得ない。不断の創造を語る言葉は、固定し得ない意味の働きで振動し、言葉自身の区分された外見をはるかに超えていく。ベルクソンの語り方には、最も重要な地点で見事な比喩が現われてくる。これらの比喩は、物の眼に見える姿、触れて感じられる性質に拠っている。だが、その具体物の経験は、すぐに物の明確な区分を溢れ出し、そうしたイマージュによって初めて響く意味の運動を作る。読者はその意味を理解する、というよりは、ひとつの運動を、経験として己の心に生きるのである。例は彼の著作中、至るところにある。

『創造的進化』が、生物の進化中、最も大きな分岐の線として示すものは、ふたつあった。

ひとつは動物と植物との分化、もうひとつは脊椎動物と節足動物とのそれである。後者の分化は、動物という生き方の線を、さらに深く推し進めて成し遂げられたものだが、引き出された回答のふたつの方向は、ここでもやはり生命の傾向と物質の傾向とのふたつを描き出している。脊椎動物は、自由な行動の選択肢を持って移動を続ける。そのための主要な能力は「知性」であった。節足動物は、巣を形成して強い絆の群れを成し、それ自体があたかもひとつの有機体であるかのような結合体を作って生きる。そのための中心能力は、「本能」であった。

生命の傾向をより強く表わすものが、植物ではなく動物であることは、疑いようもない。その動物の内、生の自由を、絶え間ない自己の刷新を示すものが、昆虫ではなく脊椎動物であることもまた疑いようがない。だが、昆虫の本能が持つ的確さ、行動の対象とひとつになって、その内側から働きかける異様な能力は、人の知性が遠く及ぶところではない。

たとえば、これは『創造的進化』第二章で示された例だが、青虫のなかに卵を産みつける穴蜂は、青虫を殺さぬようにして、その体に拡がる中枢神経に、それぞれ一回ずつ誤りなく針を刺し、全身を麻痺させる。麻痺中に産み落とされた穴蜂の卵は、意識を取り戻した青虫の体内で養われ、孵化する。穴蜂がすることは、秀でた昆虫学者も敵わぬ正確さを持っている。このようなことが、なぜ穴蜂に可能であるかを、科学の言葉は説明できない。ただそうした本能が、穴蜂には在る、と言っておくばかりだ。こんな例は、幾らでもある。

この種の事実を説明するベルクソンの厳密な言葉遣いは、真に哲学者のものであり、また実に美しい。彼は「共感（sympathie）」という語を用いている。穴蜂に青虫の「傷つきやすさ」を、言わば「内側から教える」ものは、この感情しかないであろう。これは文字通り、共に感じて生きる能力として働く。

傷つきやすさのこの感情は、外部知覚には何ひとつ負うところがない。この感情は、穴蜂と青虫とが、ただ現に置かれて在ることからやって来る。穴蜂と青虫とは、もはやふたつの有機体ではなく、ふたつの活動と見なされる。穴蜂は、具体の形のもとで、相互の関係を表わしてくるのであろう。なるほど、ひとつの科学理論が、この種の考察に訴えることはできまい。理論は、有機組織に先立って行動を置くべきではなく、知覚と認識とに先立って共感を置くべきではない。しかし、もう一度言うが、哲学は、ここでは出る幕がないか、科学の役割が終わるまさにその地点で、自分の役割が始まるか、である。（EC, pp. 642-643）

科学の役割が終わる地点には、生の全体が、あらゆる有機化に先立って運動を続ける世界が在る。穴蜂という有機体が、青虫というもうひとつの有機体に働きかけるのではない。それらを動かし、卵を生成する持続の運動が、生物学の見る二種類の虫を貫いて進んでいく。そう考える以外に、穴蜂の「本能」を、その驚異の精確さを理解する筋道はないだろう。ここで、考えるのは、もはや科学者ではあるまい。その科学者の、しかるべき半身となって姿を現わす哲学者でなくてはならない。ベルクソンが、若い日に志したのは、そのような哲学者として生きることであった。

穴蜂が青虫の中枢神経に誤りなく針を刺すことは、人が知性をもってすることから類推すれば、説明しようもない奇蹟に見える。だから、実際、科学は説明しないのであろう。ところが、穴蜂自身は、これをするのに、私たちが自分の痒いところを掻くほどの苦労しかしていないのかもしれない。穴蜂が青虫に「共感」するとは、そうしたことを意味する。針を刺す対象とひとつに成り、同じ身となって生き、働きかけること、この能力が、ここでベルクソンの言う「共感」である。

脊椎動物、とりわけとびきり複雑になった大脳を持つ人類は、節足動物が保ってきたこの能力を、知性による推理の能力と引き換えに、ごっそり棄ててきたと言ってよい。棄ててこそできる巨大な仕事、分析と関係づけと再構成による製作の仕事があった。飛びぬけて有用、強大な人類の文明が、知性のする発明の上に立っていることは、言うまでもない。また、あらゆる動物のなかで、その本能を、人間ほどに退化させている動物もなかろう。

しかし、私たちのなかの本能、すなわち、対象の内側から為されるその「共感」の能力は、消滅し切っているのか、一切は、外側から働く知性の仕事に成り果てているのか。そのようなことは、あり得ぬのである。どれほどの肥大、伸長に至ろうと、知性は、あくまで生の全体が持つ能力の一部分でしかない。

他人や物との「共感」を失い切れば、私たちの日頃の暮らしは始めから成り立たない。身体は、外界を有用に知覚し、行動するだけではなく、対象に触れてその質を、在りようを内側に感じて生きている。行動することと身や心に感ずること——身体の二重になったこの性質から、一体誰が逃れられようか。ロボットが持つ人工の機体には、もちろんこのような二重の性質は決してない。

極限まで進んだロボットは、外から来る無数の刺激、言い換えれば情報を、既存の記号関係のなかに即座に分類するであろう。それに応ずる最適の行動を、機体が選んで実行することもできよう。関係を形成する諸項は、原子として極微の単位にまで分割されており、それらの可能な組み合わせ数は、人間ひとりの知性が持つそれをはるかに超える。これは、いま人類が直面している現実であろう。

困った時にその対応をロボットに訊く、というようなことは、何でもない。人の意識が保っていられない膨大な情報の原子、その可能な組み合わせを人工知能は瞬時に試みて、一番気の利いた答えを示してくれるにちがいない。記号の組み合わせによって成り立つか、あるいはそれに置き換えられる仕事では、みなそうなるのが道理である。人間の知性がするその種の行動は、極限まで発達したロボットの作業に及ぶはずがなかろう。このことは、もう議論や実験の段階ではない。

知性は、その生物上の発生時から、物質を少数の要素に細分し、その組み合わせを自由に際限なく行なって、物質を自由に取り扱うことを目的としている。宇宙を満たして運動するもうひとつの側面、すなわち生命は、そのような分割を許さず、要素への固定も合成も受け容れない。私たちの精神は、知性を含んではいるが、それよりはるかに大きな生命のうちにある。それは、分析ではなく「共感」で働き、固定要素の合成とは異なる潜在するものからの生成を、本来の性質としている。私たちの経験にとって、これがいかに明白な事実、疑う余地のない感覚であるかを思ってみればよい。

3　この地上に生きている哲学

節足動物の「本能」として凝固している「共感」の能力には、知性動物たる人間が振り捨て、廃棄していった方向のすべてが圧縮されている。この能力がすることは、あまりに狭く、物質の繰り返しに似た反復で固く閉じられている。私たちの知性と共存し、互いに補い合っている「共感」は、「本能」と共通するものを持ちながら、知性の開かれた性質に溶け込み、分析や総合の達し得ない何ごとかを生命に行なわせる。この何ごとかを、生成と言い、創造と名付けるのであるなら、知性にその能力がないことは、明らかである。

人間の知性にない能力を、どうして人工知能なるものが自前で持ち得よう。後者は、前者に在る能力を限りなく拡大し、伸長させ得る。それは、動力機械が人力にはるかに勝ってきたのと同じことである。知性は、物質の傾向にあるものを固定させ、分析し、そこから得られる要素をさまざまに組み立てなおす。知性のこの能力は、物質の性質――分割を許し、無数の振動を繰り返して、自身に惰性を与える性質と合致して、この上なくよく馴染み合っている。

近代以降の物質科学は、この合致の上に建てられた知性の巨大建築物である。知性は物質の性質を映す鏡となり、物質の現われはまた、知性の操作に楽々と応ずる。およそ十九世紀後半から二十世紀にかけて形を整えた生理学、心理学は、実証科学でありながらも生命を対象とするかのような外見を取った。だが、それは、生体が持つ物質の側面、つまり身体による反応の側面に観察と実験、推論と仮説を重ねていくやり方によってである。生命それ自体に向かう経験の哲学、という不可欠の半身を持つことができなかった近代の科学者たちに、それ以外の方法はなかったのだ。

そこで、彼らが立てた取りあえずの仮説は、心や精神と呼ばれるものを、物質が示す原子運動の意識への反映と見なすことだった。このような意識は、物質が引き起こす原子運動の一種であるほかなかろう。こうした考え方は、むろん度はずれた唯物論であるが、証明も観察も、あたりまえの実感さえも伴っていない形而上学である。このことを直覚していた鋭敏な科学者は、少なくないだろう。しかし、その直覚を、経験の哲学として厳密に語る言葉は、彼らにはなかったのである。

当然のことであろう、持続としての生命を精神の経験として厳密に、その対象にふさわしい柔らかな理の創造を通して語り得る言葉は、哲学にしかない。にもかかわらず、これまでの哲学者たちはその義務を果たさなかった、とベルクソンは言うのである。結果として、彼らの多くは、科学者が便宜上頼っている証明不可能な唯物論に追従するか、観念論の独断に閉じこもって、空疎な哲学談義の城を築き続けるかであった。

さて、人工知能の話に戻ってみよう。近頃よく使われるようになった「生成系ＡＩ」という言葉は、これを用いる人のどういう心理を表わしているだろうかと、私は考える。

電子を利用する人工の機器は、どこまで発達しようと分析、結合の機械である。その操作を受け容れる対象は、物質の傾向にあって惰性による反復を本性《ほんせい》としている。むろん、人工知能が受け持つ対象は、物体ではなく、意味を持つ情報であるが、機器が処理するその情報は、物質の性質に変換され、極限まで分割されてごく少数になった原子のほとんど無際限な組み合わせとして在る。実現可能なもの、としてその機器に備わっているのだ。

こうした組み合わせの無際限となった可能態に、人工知能の開発に携わる工学者らは、「生成」を見ているのだろう。限定された少数要素のもはや予測できない多数の組み合わせ、人の知性を溢れ出るそのありさまを、「生成」と呼んでいる。これは、言い回しの問題に過ぎぬ。何をどう呼ぶかは、むろん呼ぶ者の自由だが、生命の傾向をまっすぐに対象とする哲学者にとって、「生成」の語は、このような意味で用いられてはならないものだ。用いれば、少なくとも無用の混乱を引き起こすであろう。

ベルクソンが「生成」と言う時には、分割不可能な持続が、絶え間なく自己自身を創造する、その運動をまず指している。この持続は、質が質を生み続けてやまない「開かれた全体（le tout ouvert）」であって、限られた極小要素の無限の組み合わせなどではない。このような持続は、無限な生の潜在する流れであり、待機する可能なものの無際限な配列などではない。可能と潜在とを混同することは、物質の傾向に生命の傾向を当てはめるのと同根の常識から来ている。

ところで、ベルクソンの言う「生成」には、もうひとつの意味があった。それは、持続する生の運動が、物質のなかに入り込み、そのなかで自己を確かにし、拡げてゆく努力をも意味していた。その努力によって、生命の傾向を満たす不定の流れは、物質の傾向を満たす惰性の反復を自身の内に取り入れ、それは有機化した物体、すなわち身体になり、その身体は道具を生み、言葉を生み、その言葉は無数の観念を生む。ここでは、「生成」とは、潜在する生命が、明確な区分を許す物質のなかに自らを実現することを指している。

なぜ、そうしたことが可能なのか。繰り返される物質の原子運動が、生命の執拗な浸透の努力に向かって開かれているからだと言うほかはない。生命の、あるいは精神の労働は、この原子運動のなかへ深く入り込み、その運動が持つ性質に限りなく転換され得るだろう。思えば、生命から原子運動へのこの転換は、有機化の現象と類似したものであり、そこには、身体の生成と並行する働きが在るとさえ感じさせる。だが、この並行は、見かけ上のものである、と言わなくてはならない。

意味や知覚の情報を、電子の運動に対応する原子に分解し、保存し、また組み立てなおすことは、知性が発明し続ける機械にはうってつけの仕事だと言える。物質には、知性のその仕事、果てのない分割と再構成とに応ずる傾向が初めから在る。この仕事にもまた、生命の境界が物質の境界と接し、そのなかに入り込む労力の一種が宿っているであろう。「生成系

ＡＩ」などという言い方が、もっともらしく流行《はや》るのは、そのためである。

だが、生命が物質に入り込む際に引き起こす生成は、単なる知性の仕事ではなく、原子となった情報の新しい結合でもない。物質としての電子の運動に転換された際限ない情報は、生の運動そのものとは違う。すでに実現されたことのある意味や思考の、開かれた組み合わせでしかなかろう。そこにあるのは、潜在する持続の実現、つまり創造ではなく、組み合わせ可能な状態にあったものの数知れない顕現でしかない。

たしかに、人が日常を生きて為すことのほとんどは、すでに意味され、考えられたことのある要素の切りもない組み合わせ、再結合であろう。そうした作業のすべてを人工知能が代行できる時代は、遠からず来る。それだからと言って、私たちの生命の根底が、潜在するものからの絶え間ない創造によって成る事実を、どんな科学者も否定するわけにはいかない。創造という生の特権を、人の命から奪い去る原理や法則を見つけ出すこともできない。

思えば人工知能の開発をめぐって沸き起こってきた不安や期待は、経験の科学と経験の哲学とがはっきりと出会わねばならなかった最後の境界領域に渦巻くものかもしれない。いや、疑いなくそうであろう。宇宙を満たすふたつの傾向、物質と生命とはいかなる時も連続し、境界を接して浸透し合っている。それ故にこそ、哲学は科学を正確に補い、科学は哲学を厳密の光で照らすことができるのだ。ベルクソンがその生涯をかけて語った経験の哲学とは、ほかでもない、唯ひとつであるべき哲学の未来のことであった。

最後に、『思想と動くもの』の「序論」にある文章を、少し長くなるが、読者の味読を願って引いておこう。この「序論」こそは、本書が出発点に据えたアンリ・ベルクソンの遺言であったのだから。

まさしく、それら〔形而上学と科学と〕は同じ水準にあるのだから、共通の諸点を持ち、これらの点をめぐって互いに検証し合うことができる。形而上学と科学との間に尊厳の差を設け、それらに同じ対象を、すなわち諸事物の総体をあてがって、科学は形而上学を低所から眺め、形而上学は科学を高所から見下ろす、そんなやり方では、おたがいの助けも相互調整も排されることになる。その時には、形而上学は、少なくとも実在するものとのあらゆる接触を失うほかはなく、科学の圧縮された抜粋、その仮説上の延長物となってしまう。反対に、ふたつに異なる対象を、科学には物質を、形而上学には精神を与えてみよ。精神と物質とは触れ合っているのだから、形而上学と科学とは、ふたつに共通の全表面に沿って、互いを確証し合えるようになる。ふたつの接触から、受胎がもたらされることを待ちながら。両側面から得られる各成果は、結び合うはずである。なぜなら、物質は精神に結び付いているからだ。もしも合体が完全でないならば、それは、立て直すべき何かが私たちの科学のなかにあるか、あるいは、私たちの形而上学のなかにあるか、あるいは、その両方にあるか、ということだろう。このようにして形而上学は、その周辺部分を通して、科学に有益な影響をもたらすことになる。反対に、科学は形而上学に対して正確さの習慣を伝え、この習慣は、形而上学の内側で周辺から中心へと及んでいくだろう。これは、形而上学の極限が実証科学の極限と正確に適合し合う、というだけの話とは異なる。その時、私たちの形而上学は、私たちが生きるこの世界の形而上学となり、可能なあらゆる世界のそれとはならない。形而上学は実在に達するであろう。(In-2, pp. 1286-1287)

私たちが現に生きるこの地上についての経験の哲学、己自身の経験にどこまでも深く降り、実証科学の尖端と常に正確に合流し得る哲学、ベルクソンが求め続け、未来の人間に託して去ったものはこれ以外のものではない。精神のこの緊張の努力がなければ、誤るものは哲学だけではあるまい。ひとり突き進む科学の前途もまた至って暗く、危ういのである。

あとがき

アンリ・ベルクソンという哲学者に私が出会ったのは、もう四十数年前のことで、初めはもちろん日本語訳で読んだ。読んだのは、『精神のエネルギー』に収められた「心と体」という文章で、これは『物質と記憶』を要約したごくわかりやすいものである。それを電車のなかで気軽に読み出した。数分読むうちに、世界が消えた。そのあとは、頁を繰った記憶がないのだが、目的の駅に着いた時には、読み終わっていた。こんなに速く本を読んだことは、それ以後にはない。電車を降りた時に眼に差し込んだ真昼の陽光の眩しさを、私はきのうのことのように憶えている。

これまでに、私は二十冊ほどの本を書いたが、ベルクソンの影響を免れて書き得たものは一冊もない。私にとって、この人は「フランス人」でも「哲学者」でもなく、ただもうベルクソンだった。そういうわけであるから、ベルクソンに関する著書を改まって一冊書くというようなことは、私には非常に難しかった。その糸口をどうつけたらいいものか、見当がつかなかった。対象とするには、あまりに浸透を受けすぎていた。

私がベルクソンを読み始めた頃には、この哲学者は、当時の流行思想からほとんど顧みられない存在になっていた。流行が次々に移っても、この情勢は長い間にわたって続いた。ジル・ドゥルーズが若い頃を回顧して語っていたが、彼がベルクソンをいささかでも肯定して書くだけで、まわりは彼を非難したそうである。時の勢いというものは、いつでもそうしたものだ。そのドゥルーズが、やがて世界中に大きな影響力を持つにつれて、ベルクソンへの評価は次第に回復していった。ドゥルーズが、ベルクソンをどんなに繊細に、精妙に踏襲していたかは、これからの研究がますます明らかにしていくだろうと思う。

現在、フランスで公刊されるベルクソン関連の書籍、論文は、年々おびただしい数にのぼる。専門の研究者でも、なかなか付き合いきれる数ではないだろう。本文でも触れたが、そのなかには、彼が「遺言状」のなかでその公開を厳しく禁じたノート類や手紙などが、丁寧な注釈つきで入っている。研究の隆盛は、もちろん結構なことだが、彼が書き置いたあのちょっと異様な「遺言状」の意味はどうなるのか。それをまともに考えようとする人が、余りにも少ないことに、私はいささか心の引っかかりを感じていた。それで、ある日、この「遺言状」をじっくりと、何度も読み直してみたのである。読み直すうちに、私は本書のモチーフが確定してくるのをはっきりと感じた。

この「遺言状」は、疑いなく彼が遺した最後の著作であり、表明された最後の思想である。ここでベルクソンが書いていることの意味を、書かれたままに、まるごと受け容れることができない者に、彼の四つの主著を読む力が、信じる心があるだろうか。ありはしない。これは、私が言っているのではない。直接、端的に、ベルクソンが私たちに言い遺していることである。それは、なぜか。私は、本書でその理由を書いた。自分が捉え得たと感じたその理由を、できるだけ正直に書くことに努めた。

専門の哲学研究者でもない私が、この本を書く上で最も頼りにしたのは、やはり四十数年にわたる文字どおりの〈愛読〉というものだった。このことは、あの世のベルクソンを決して不快にはさせまいと思う。「遺言状」にある願いを、毫も裏切ることにはなるまいと信じている。

本書のうち、第I章から第V章までは、岩波書店の『思想』誌上に「ベルクソン哲学の喜び」と題して連載したものだが、少しだけ手を加えている。それらの初出は次のとおりである。

第I章　『思想』二〇〇九年十二月号
第II章　『思想』二〇一〇年四月号
第III章　『思想』二〇一〇年十月号
第IV章　『思想』二〇一一年四月号
第V章　『思想』二〇一一年七月号

雑誌連載から書籍化に至るまで、岩波書店の互盛央氏にはたくさんの面倒をおかけした。適切な助言も励ましももらった。いろいろなわがままも聞いてもらった。心から御礼を申し上げる。

二〇一三年五月

前田英樹

学術文庫版へのあとがき

この本は、以前、岩波書店から岩波現代全書として刊行されたが、それからもう十一年の歳月が過ぎた。今回、講談社の学術文庫に収めてもらうことになり、全体を読み返し、「補章」を付け加えた。その十一年の間、私のベルクソン愛読は途切れることなく続き、読むたびに新しい驚き、深まる感嘆を繰り返してきたように思う。そのような哲学者と共に、これまで生きてこられた幸福をしみじみ振り返っている。

近頃になり、私が改めてベルクソンに感ずることは、哲学の歴史にあって、この人が負い続けた想像を超える孤独である。

二番目の主著『物質と記憶』を書き終えた時、彼はリセで働く無名の一教師であった。その後、次第に名声は高まり、彼の思想は世界で一世を風靡する様となるが、そんなことは何事でもなかった。自身を取り巻くその種の騒ぎに、彼ほど興味のなかった人間はいない。彼が熱望したことは、哲学が万人の助け合う共通の努力となって前進し続けることであった。それを為す人類の誠実を、彼はただひとり深く信じ、過去の哲学の言わば覆い難い独善を、容赦なく明らかにした。栄誉の絶頂期から今日まで、ベルクソンが思想界や論壇で受けた無視、無理解、時に愚かな攻撃は、実にそのことに由来すると言ってよい。

この孤絶は、彼を苦しめたに違いない、私はそう推察する。いかなる時も万人の側に立つ人、人間全体の未来を、誰にも不可能なほど己自身のものとして生きた人、そのような哲学者が世界で最も孤独な者として生き、働き、死んでいった。

その彼が、最後の主著『道徳と宗教の二源泉』で言い遺している。「人類は、みずから成した進歩の重みの下で、なかば圧し潰されている。人類は、自分の未来が自分次第だということを、まだ充分にはわかっていない」と。あなたたちは、これからも生き続けたいのかどうか、それを望むのは、あなたたち自身である。「その次には、ただ生きたいのか、あるいはその上に、神々を作る機械にほかならぬ宇宙の本質的機能が、この反抗的な地球の上にあってもなお果たされるに必要な努力をしたいのか、それを問うのもまた人類なのである」。

この最後の言葉は、いささか謎めいている。宇宙が作る「神々」とは、何か。それもまた、人間のことであろう、人類を最後に救うべく、この地上に現われる人間たちを言うのであろう。そのような人々が、宇宙に作り出されるに必要な努力を、あなたがたはしたいのか、したくはないのか、ベルクソンは私たちにそう問いかけて、去ったのである。

岩波現代全書の時と同様に、文庫版でもまた講談社の編集者である互盛央氏に、一方ならぬ篤い手助けをいただいた。深く御礼を申し上げる次第である。

二〇二四年三月　　　　前田英樹

KODANSHA

本書は、二〇一三年に岩波書店より「岩波現代全書」の一冊として刊行されたものに加筆・訂正を施したものです。

前田英樹（まえだ　ひでき）
1951年、大阪府生まれ。中央大学大学院文学研究科博士課程満期退学。広島大学助教授、立教大学教授を経て、現在、立教大学名誉教授。批評家。主な著書に、『沈黙するソシュール』（講談社学術文庫）、『民俗と民藝』、『小津安二郎の喜び』（以上、講談社選書メチエ）、『セザンヌ　画家のメチエ』、『批評の魂』、『愛読の方法』、『保田與重郎の文学』ほか多数。

講談社学術文庫

定価はカバーに表示してあります。

ベルクソン哲学《てつがく》の遺言《ゆいごん》
前田《まえだ》英樹《ひでき》

2024年7月9日　第1刷発行

発行者　森田浩章
発行所　株式会社講談社
東京都文京区音羽 2-12-21 〒112-8001
電話　編集（03）5395-3512
販売（03）5395-5817
業務（03）5395-3615
装　幀　蟹江征治
印　刷　株式会社新藤慶昌堂
製　本　株式会社国宝社

ISBN978-4-06-536227-3

「講談社学術文庫」の刊行に当たって

これは、学術をポケットに入れることをモットーとして生まれた文庫である。学術は少年の心を養い、成年の心を満たす。その学術がポケットにはいる形で、万人のものになることは、生涯教育をうたう現代の理想である。

こうした考え方は、学術を巨大な城のように見る世間の常識に反するかもしれない。また、一部の人たちからは、学術の権威をおとすものと非難されるかもしれない。しかし、それはいずれも学術の新しい在り方を解しないものといわざるをえない。

学術は、まず魔術への挑戦から始まった。やがて、いわゆる常識をつぎつぎに改めていった。学術の権威は、幾百年、幾千年にわたる、苦しい戦いの成果である。こうしてきずきあげられた城が、一見して近づきがたいものにうつるのは、そのためである。しかし、学術の権威を、その形の上だけで判断してはならない。その生成のあとをかえりみれば、その根は常に人々の生活の中にあった。学術が大きな力たりうるのはそのためであって、生活をはなれた学術は、どこにもない。

開かれた社会といわれる現代にとって、これはまったく自明である。生活と学術との間に、もし距離があるとすれば、何をおいてもこれを埋めねばならない。もしこの距離が形の上の迷信からきているとすれば、その迷信をうち破らねばならぬ。

学術文庫は、内外の迷信を打破し、学術のために新しい天地をひらく意図をもって生まれた。文庫という小さい形と、学術という壮大な城とが、完全に両立するためには、なおいくらかの時を必要とするであろう。しかし、学術をポケットにした社会が、人間の生活にとってより豊かな社会であることは、たしかである。そうした社会の実現のために、文庫の世界に新しいジャンルを加えることができれば幸いである。

一九七六年六月

野間省一